じっくり北京・もっと北京

中華万華鏡・古都の故事伝説

屈　明昌・高橋通子

元就出版社

まえがき

この本は北京観光をキーワードとして幅広く中国文化を紹介する本である。

日本人にとって、北京は一度は行ってみたい観光地の一つだ。実際には、一度といわず、何度も足を運んだ人も少なくない。

ところが、北京観光はただ自分の目で名所旧跡を鑑賞したり、名物料理を食べるだけでは、本当の北京が半分しか味わえない。なぜなら、観光スポットの一物一石やそれぞれの名物料理には、由来に関する面白いエピソードや言い伝えが数多く残っており、知られざる文化の歴史を反映していることが多いからだ。そういう部分の楽しみは、実物だけを見ても見出せないし、食べるだけでも味わえない。したがって、もし事前にまたはその後でも観光スポットにまつわる歴史上の真実や伝説、さらにそれに関連する文化の知識があれば、北京観光はより充実し、楽しみも一層増すに違いない。

そういうすばらしい観光を実現できるよう、われわれは本書に北京の紫禁城、北海公園、

まえがき

頤和園、万里の長城など観光者が必ず訪れる観光名所や北京名物の食べ物にまつわる故事伝説をまとめ、これから北京観光をしようとする人、すでに北京観光をして楽しい旅を思い出す人、そしてもう一度北京観光をしたいと思っている人たちに捧げる。

一方、この本はただ名物名所の由来にまつわる故事伝説を語るだけに止まらず、科挙、宦官、宮廷生活、風水禁忌、念願風習、飲食習慣など、それぞれの名物名所と関連した中国文化にもできるだけ幅広く触れ、観光ばかりではなく、中国文化に興味を持つ人ならだれでも十分楽しめるように構成した。なお、参考のため、巻末に日中の歴史年代対照表と明・清王朝の皇帝継承表を添付している。

読者の皆さんがこの本をきっかけとして、より多くの中国文化に触れ、より楽しく北京観光ができるなら、それ以上の喜びはないと思っている。

本書の出版に当たって、浜正史社長を始め、元就出版社の方々に大変お世話になっており、この場を借りて、深く感謝の意を表したい。

二〇〇七年九月

著者

じっくり北京・もっと北京——目次

まえがき　1

第1章　紫禁城の面白いところ　9

1. 門のこだわり　10
橋のルール／吼える飾り物

2. どうして「紫禁城」　17
午門と二人の愚帝／門にかかる額／数へのこだわり／「紫禁城」の意味

3. 皇帝の職場　28
皇帝のメインオフィス／科挙の最終試験場／土台の工夫

4. 皇帝の私生活　45
寝殿の出来事／宝の保管室／二つの疑問／宦官の話

5. 勇敢な絵　68

6. 角楼の工夫　72

第2章　皇苑故事　81

1. 万歳山と予言者　82
2. 無塩の海　88
棒の役割／長寿志願の遺物／書の保管法／名物の長旅／木の爵位
3. 世界遺産の言い伝え　103
皇苑中の墓／飛べないコウモリ／石の大愛好家／家を滅ぼす石／性別付き石／桃と亀／動けない船／牛の話／西太后の恐怖と娯楽

第3章　万里長城の話　149

1. 予言の解読　150
2. 長城の涙に弱いところ　156
3. 長城代わりの涙　166

4. 守りの工夫 172
5. 長城の名所 182

第4章 名食の由来 201

1. 宮廷料理第一号 202
2. 二種類の北京ダック 211
3. シュウマイの名店 219
4. 六必居の漬物 225
5. 東来順のシャブシャブ 233
6. 天福号の肉 240
7. 官府料理の絶品 246

付1――日中歴史年代対照表 257
付2――明・清王朝皇帝継承表 258
主要参考文献 259

じっくり北京・もっと北京

中華万華鏡・古都の故事伝説

第一章　紫禁城の面白いところ

1. 門のこだわり

北京は、人々の好奇心を育むとともに、それを十分満足させる都市だ。北京観光でもっとも行く価値のあるところは故宮博物院である。

ユネスコ世界遺産に登録された故宮博物院は紫禁城とも呼ばれ、かつては明王朝と清王朝の宮殿であった。君臨した皇帝の数は二四人、約六〇〇年の歴史がある。

通常、観光客は天安門広場側の正門から紫禁城に入り、裏側の神武門《しんぶもん》から出る。だから、われわれの話も天安門から始めてみよう。

橋のルール

かつての北京は、四層に囲まれた城塞都市であった。外側から数えると、外城、内城、皇城《こうじょう》、そして宮城《きゅうじょう》である。外城と内城はすでに取り壊され、もう跡形もなくなってしまったが、今でも「建国門《けんこくもん》」、「崇文門《すうぶんもん》」など「門」の字がつく地名だけはそのまま残されている。

皇城《こうじょう》とは、当時の皇居用地を城壁で囲った区域のことである。だが今は一部しか残っていない。天安門は、その皇城の正門だった。また、皇城の中のさらに城壁で囲まれた区域は、宮城《きゅうじょう》と呼ばれている。いわゆる紫禁城のことだ。紫禁城の中には、皇帝の職場と家があった。

紫禁城の内外には、壮大かつ豪華な建物がたくさんあるが、天安門ほど特別な意義を持つ建物はない。というのは、この天安門が明王朝から現在に至るまで、日本の国会議事堂やアメリカのホワイトハウスのように、中国を象徴するような場所となっているからである。

明王朝と清王朝の時代には、皇帝の即位、皇后や皇太子の冊立《さくりつ》、またはその他国民に詔書《しょうしょ》を出すときには、必ずこの天安門の城壁の上から詔書を朗読し、天下にそれを知らしめた。この儀式を「頒詔《はんしょう》」という。

頒詔の際には、官僚たちは城壁下の離れたところに並び、跪《ひざまず》いて聞く。マイクのない時代だから、果たしてはっきり聞き取れたのか、疑問は残るが。

詔書を読み終わると、その書類を城壁の上から特別のひもで下に下ろし、関係部署に持っていって謄写した後、全国に発送する。

天安門で行われた最後の「頒詔」は一九一二年二月一二日だった。この日、清王朝のラスト・エンペラー溥儀《ふぎ》の退位詔書が読まれ、中国の封建王朝の歴史に終止符が打たれたのである。

天安門はそういった特別な意義を持つため、一九四九年一〇月一日、中華人民共和国成立の日には、毛沢東主席が天安門の上で成立宣言を読み上げた。その後、建国記念日のパレード、メーデーの記念式典、また、文化大革命時代にあった毛沢東主席の紅衛兵接見などのときも、中国の首脳たちはよく城壁の上に立つようになった。

現在、天安門は一般に開放され、チケットを買えばだれでも登ることができるようになった。天安門の城壁に立って、毛沢東や中国首脳らのようにそこから見下ろす気持ちを一度体験してみるのも悪くないと思う。

さて、天安門の城壁に登るには、まず天安門に入らなければならない。天安門前を流れる「金水河《きんすいか》」という小さな川にかかる「金水橋《きんすいきょう》」という橋を渡って入るのだが、城壁の下には門が五つ並んでいるため、それに対応して門の前の「金水橋」も五つの橋となっている。さて、五つのうちどの橋を渡って天安門に入ればいいのだろうか?

今の観光客にとっては、どの橋を渡ろうが、それは観光客の自由だ。しかし、封建王朝の時代には、橋にも橋のルールがあり、自分勝手に渡る橋を選ぶことはできなかった。「金水橋」の真ん中の広い橋は「御路橋《ごろきょう》」といい、皇帝専用となっていた。その両側に位置した二つの橋は「王公橋《おうこうきょう》」といい、皇室の人間しか利用できなかった。

さらにその両側にある二つの橋は「品級橋」という。

当時の中国では、官僚のレベルを一八の階位に分けていた。数字の小さいほうが位が高く、最高級は「正一品《しょういっぽん》」、その次に「従一品《じゅいっぽん》」、「正二品《しょうにほん》」、「従二品《じゅにほん》」……の順で、一番下は「従《じゅ》九品《きゅうほん》」である。

官僚は官位で分けられるだけではなく、「官服」という職場で着る服装まで違っていた。

清王朝の時代には、胸と背中のところに刺繍がほどこされた官服を着ていたのだが、刺繍の図案は官位によって決められていた。

文官の一品と従一品の官服が鶴の柄、二品と従二品がキンケイの柄、三品と従三品が孔雀の柄である。また、よほど文官を飛ばせたかったとみえて、四品から九品までの官服もそれぞれ雁やウズラなど、翼つきの動物の柄ばかりである。

一方、武官の場合、一品の官服には、キリンビールのマークのような麒麟の柄がつき、二品と三品はそれぞれ獅子と豹の柄となる。また、四品に虎、五品に熊、六品に「彪《ひょう》」と呼ばれる小さい虎、七品と八品にはサイと、地上動物の柄オンリーである。ただ九品武官の服だけは例外で、海に生きる海馬《かいば》の柄であった。

服以外にも、かぶる帽子にまで決まりがあった。

清王朝時代の官僚の帽子の上には、「頂子《ちょうし》」と呼ばれる目立つ玉が一つついていて、一品官の頂子はルビー、二品官なら赤い珊瑚《さんご》と決められていた。さらに三品はサファイア、四品は青金石《せいきんせき》（ラピスラズリ）、五品は水晶、六品はシャコガイの殻、七品から九品は金の玉とされた。

こういうルールは軍人の肩章と同じで、どんなところにいっても、黙って相手の服装と帽子を見るだけで、その地位が一目瞭然だったのだ。

さて、話を天安門前の金水橋《きんすいきょう》に引き戻すと、その「品級橋」でさえも利用できる人は三品以上の官僚だけに限られていた。

しかし四品または四品以下の官僚も、天安門に入る必要がないとはいい切れない。そのため、この五つの橋の両側、といってもだいぶ離れたところに「公生橋《こうせいきょう》」という名の橋を架け、それを使わせたのである。

さて、あなたなら、どの橋を渡って天安門に入りたいと思うだろうか？

天安門城壁の上から外側を眺めると、世界一といわれるほど広い天安門広場が一面広々と目に映る。一九六〇年代の中期、中国では、「文化大革命《ぶんかだいかくめい》」という政治運動があった。そのとき、幾度となくこの広場と手前の「長安街《ちょうあんがい》」という広い道路が、『毛沢東語録』という赤い本を持つ数十万の若者で埋め尽くされた。彼らは赤い本を高くかかげ、感動の涙を流しながら天安門上に立っている毛沢東主席に向かって「毛主席万歳」と叫んでいた。

個人崇拝の善し悪しは別として、あなたも一度毛沢東主席になったつもりでそこに立ち、その光景を想像してみると、きっと胸が熱くなるに違いない。

吼える飾り物

城壁の上から金水橋《きんすいきょう》の両側を見ると、街灯のほかに二本、一〇メートルほどの高さの白い石柱が立っている。また、対称的に、天安門の内側にも二本あり、この四本の石柱は「華《か》表《ひょう》」と呼ばれている。

ちなみに、現代中国語では、「表」という字には「おもて」の意味だけではなく「時計」の意味もある。だから、「手表」と書かれた中国語は「手のおもて」ではなく、腕時計の意味になる。

とはいえ、この「華表《かひょう》」は、五〇〇年も前に立てられ、高さ一〇メートル、重さは二〇トンほどもあり、表面に龍などがきれいに刻まれている。名前には確かに「表」という字がついているが、むろん「中華の時計」ではない。ただの装飾物なのである。

天安門前の華表

実は、「華表」と呼ばれる装飾物は、中国ではかなり古い歴史を持っている。

言い伝えによると、華表の起源は、中華文明初期の帝王堯《ぎょう》、舜《しゅん》の時代にまでさかのぼるともいわれている。彼らは民主的で賢明な帝王だったため、メイン道路には木の板が立てられ、王への諫言《かんげん》を国民に自由に書かせた。このような板は「華表《かひょう》」の前身で、「誹謗木《ひぼうぼく》」または「華表木《かひょうぼく》」と呼ばれていた。

しかし漢王朝の時代になると、独裁政治で文句をいわせないためか、華表は道路の標識や郵便局の標識に化けた。「誹謗木」という言葉も消え、「華表木」だけが残った。

さらに時代が下ると、華表は標識ほどの役割も果たさなくなり、橋の両端や墓地の前に立てられる、ただの精美な飾りものに変わっていった。こういう飾りものは、ほとんどが石柱で作られたため、「華表木」の「木」も自然に省略され、「華表」と呼ばれるようになったのである。

天安門の内外に立つ四本の華表の上には、動物学者も戸惑うほど変わった動物が坐っている。名前を「犼《こう》」という。龍の子だといわれ、名前の中国語発音が漢字「吼《こう》」の発音と同じである。

伝説では、この四匹の犼がつねに皇帝に向かって吼えるのだ。

天安門内の二匹は、

「宮廷の中でのんびり暮らしたり、ぜいたく三昧な生活を送るばかりでなく、たまには外の国民の苦労も見てみなさい」

と、紫禁城内の皇帝に吼え続けていたので、「望君出《ぼうくんしゅつ》」という別名がつけられた。

一方、天安門の外の二匹は、

「一国の統治者だから、外で威張ったり遊んでばかりいないで、早く帰って仕事をしなさい」と、外に行った皇帝に向かって吼え続けていたという。だから、こちらには「望君帰《ぼうくんき》」という別名がつけられた。

ところが、残念ながら明王朝も清王朝も、「耳の遠い」皇帝が多く、「望君出《ぼうくんしゅつ》」と「望君帰」の大事な助言が聞こえない。結局いずれの王朝も滅びの運命から逃れられなかった。吼えること好きの犼《こう》は、いまでも華表《かひょう》の上に坐って吼え続けている。ただ、もう時代が変わってしまったから、時代に合わせて吼える言葉も変えているのかも知れない。さて、あなたには犼が何といって吼えているように聞こえるだろうか。

2．どうして「紫禁城」

午門と二人の愚帝

天安門に入り、「端門《たんもん》」を通り抜けると、紫禁城の正門である「午門《ごもん》」にたどりつく。午門は珍しい形で、空から見れば、「門」という字のような形になっている。正面と両側合わせて五つの屋根があったので、「五鳳楼《ごほうろう》」とも呼ばれる。

中国の古典小説には、「午門外で首を切る」というふうに、皇帝の死刑命令がよく書かれていた。しかし小説は小説で、実際にはそういうことはなかった。まあ、考えてみれば、理解できないこともない。紫禁城は皇帝の職場と家で、午門《ごもん》は職場や家の玄関に相当するところだから、自分の玄関先を死刑場にしようという人はまずいないだろう。

だが、「門」の字形に建てられた午門に囲まれた午門外の「庭」では、打ち殺された人が確かにいた。なぜなら、明王朝のとき、この庭が官僚に「廷杖《ていじょう》」という処罰を行う場所だったからである。

廷杖とは人を地面にうつ伏せにさせ、棒でお尻を殴る罰である。文献によると、罰するとき、殴る兵士たちの叫ぶ声で大体その結果が予測できたという。「着実打《ズアオスーダアー》（しっかり打つ）」を叫びながら殴るなら、殴られた人はまだ生きられる。しかし、もし「用心打《イオンシンダアー》（心を込めて打つ）」を叫びながら殴るなら、殴られた人はほぼ間違いなく死んでしまうのである。

明王朝の歴史上、この庭では二回ほどひどい廷杖があった。

一回目は明王朝一〇人目の皇帝武宗《ぶそう》のときだった。この武宗は淫楽好きで、仕事をまともに行わない。それに宮廷内だけでは物足りないらしく、何度も私服で外出しては遊んでいたのである。

その後、さらに大規模な外遊を準備させていると、国に憂いを抱く官僚百数十名が連名して王に諫言《かんげん》を呈した。もともと賢明な君主ではなかった武宗は、その諫《いさ》めに耳を傾けるどころか、激怒した。

彼は諫言した官僚全員に午門外の庭で五日間跪《ひざまず》き続けさせ、廷杖まで加えた。軽い者でも三〇棒殴られ、ひどい者は八〇棒も殴られた。結局、その中の一〇人あまりがその場で打ち殺された。国のため、皇帝に仕えるとはいえ、こんな暗愚《あんぐ》な皇帝に殺されるとは何とも悲しいことだ。

もう一回のひどい廷杖《ていじょう》は武宗《ぶそう》皇帝の後継者、明王朝一一人目の皇帝世宗《せいそう》の時代にあった。世宗は武宗のいとこである。武宗は遊び過ぎが祟《たた》ったのか、前述の廷杖事件の二年後、三一歳の若さで墓に入った。息子がいなかったため、いとこが後継者となった。

この世宗が即位早々、すでに亡くなっている自分の父を「皇父《こうふ》」として追認したい、といい出した。しかし宮廷の官僚たちは、当時の長男後継ぎという礼法に基づき、武宗の父孝宗《こうそう》を「皇父」と見なすべきだと主張し、世宗の追認に反対した。

今の人々にいわせればどうでもいいことではないかと思うかもしれないが、当時の官僚たちは本気だった。彼らは宮廷の一ヶ所に集まり、朝から昼まで跪《ひざまず》いて、高い声で「皇父、孝宗」を叫び続けて請願した。集まった人数は何と二〇〇人以上。その間何度も世宗の解散命令を受けたが、いっこうに動こうとしなかった。

仕方がなく、世宗はリーダー格の八人を逮捕した。しかし事態は収まらず、残った官僚たちはまるで葬式の列に逢ったかのように、いっせいに大声で泣き始めてしまった。

そこでついに世宗の怒りも頂点に達し、請願に出た官僚全員の名前を記録し、一三四人を拘束。さらに翌日、午門外の庭で、請願参加者のうち約一八〇人が「廷杖」の処罰を受けることとなり、一七人の命が棒に奪われたのである。

門にかかる額

午門《ごもん》正面の上には、青地に金色の字で「午門」の文字を縦に書いた額が掛けてある。その文字を注意深く見てみると、きっと興味深いことに気づくであろう。

普通、漢字の「門」には日本語書きでも中国語書きでも、右下に「撥《は》ね」がある。しかしこの額に書いた門の字には「撥ね」がない。大事な門であるから、間違って書かれたことはまずありえない。では、なぜ「撥ね」がないのだろう。

言い伝えによると、皇帝が門の字の「撥ね」を嫌ったからだとか。中国語の中で、字を書くときの撥ねを「鈎《こう》」という。この「鈎」には「引っかける」の意味もある。皇帝は、自由かつ順調に紫禁城を出入りするもので、いちいち門に引っかけられるとは縁起でもない。だから、門の字の「撥ね」が取り消された、というのだ。

また、この門だけではなく、紫禁城のいろいろな門の上に掛けた額に書かれた門の字は、みな「撥ね」がないといわれている。筆者はいちいち確認までしていないが、興味があれば、観光のついでにチェックしてみてはいかがであろう。

チェックしているうちに、きっともう一つ興味深いことに気づくかもしれない。

中国といえば漢字の国だ。だから漢字でいろいろ表現するのは当たり前のことだ。しかし紫禁城のいくつかの門や宮殿の上に掛けた額には、漢字だけではなく、漢字の右側にモンゴル文字のような字も書いてあるのだ。

満漢文の横額

この漢字のそばに書かれた文字は「満文《まんぶん》」、つまり満民族《まんみんぞく》の文字である。

明王朝の統治者は漢民族であった。だから明王朝のとき、紫禁城中の額は全て漢文のみだった。

ところが、清王朝に入ると、統治者は「女真族《じょしんぞく》」とも呼ばれる満民族になったため、もとの額は取り外され、統治者である満民族の文字と人口の大多数を占める漢民族の文字で書かれた額につけ換えられた。また、縦書きの場合は右側が上、左側が下であるので、統治者が自分の民族文字を右に置き、漢字を左に置いた。

その後、孫文革命があり、袁世凱《えんせいがい》が大統領になった。この袁世凱は大統領になるだけでは気がすまなかったようで、帝政に復辟《ふくへき》し、自ら皇帝の座に坐った。

そのとき、紫禁城の前半部分を袁世凱が使

い、後半部分には退位したラスト・エンペラー溥儀が住んだ。袁世凱《えんせいがい》は、前半部分の門や宮殿に掛けていた額は、漢文だけを残し、満文を全部消させた。だから今も、紫禁城前半の額は漢文だけであり、後半の額には漢文と満文両方が書かれている。

額の満文を見ればわかるが、満民族はもともと自分の独自な言語と文字を持っていた。しかし次第に漢字文化に同化され、現在では、たとえ満民族出身の人であっても、満民族の言語を話せたり、満民族の文字を読める人はあまり多くない。文化伝承の角度から考えると、ちょっともったいないような気がする。

ちなみに、満民族の言葉には日本語と似ているところがある。それは動詞を一番後ろに置くということだ。動詞を一番後に置く言語はほかにハングル（朝鮮語）やモンゴル語、フィンランド語などがある。語順が似ているというメリットがあるために、どちらかというとハングルやモンゴル語を話せる人のほうが日本語の上達も早いようである。

数へのこだわり

午門《ごもん》の門は城の門だから、われわれが日常よく見かける門と比べれば、はるかに大きい。だが、違いはそれだけではない。門の表面には茶碗ほどの大きさの金色の丸い「画びょう」のようなものが数多くついている。

この大きな「画びょう」は「門釘《もんてい》」という。門の板と板をつなぐ役割を持つ釘《くぎ》を美観のため、こういう形に加工したのだ。しかしどう見ても釘の数が多すぎるように見えるのだが、実は、紫禁城には門釘《もんてい》の数にもこだわりがあるのだ。

中国の陰陽思想では、奇数を陽数といい、偶数を陰数という。一〇以内の数字の中で九は最大の奇数だから、最大の陽数ともいわれる。一方、人間についても、男を陽といい、女を陰という。皇帝は男の頂点に立っているから、最大の陽と見られる。そのためか、皇帝の居場所には最大の陽数である「九」または「九の倍数」をこだわって使った。

九行九列釘の門

たとえば、北京の内城には門を九つ設け、皇城の正門である天安門と紫禁城の正門である午門《ごもん》は、いずれも九部屋分の間口を取っていた。また、皇帝の服には九つの龍を刺繍し、官僚たちが皇帝にお辞儀するときも叩頭《こうとう》という頭を地につける拝礼を九回した。

門釘も自由にさせなかった。一つの例外を除いて、大きな門には全て九行九列八一個の釘《くぎ》を打たせた。

唯一例外になったのは「東華門《とうかもん》」という紫禁城の東側にある門だけで、この門だけは釘が八行九列の七二個しかない。なぜかという記載は残されていなかったが、一説では、皇帝が崩御したとき、棺桶《かんおけ》がこの門から出て陰の世界に行くから陰数の行を取った、ともいわれている。

こういう数字へのこだわりについて、伝説も残されている。

明王朝三代目の皇帝永楽帝《えいらくてい》は、紫禁城を建てたとき、万歳の意にちなんで部屋の数を一万
にするつもりだった。その命令を下した夜、彼は天上にいる天帝に呼び出される夢を見た。

「北京に豪華な宮殿を建てると聞いたのだが……」

と、天帝は不機嫌な顔で彼に聞いた。

「さようでございます」

さすが天帝には逆らえない人間の皇帝だから、永楽帝は恐れながら答えた。

「部屋の数は?」

「万事順調の意を取って、部屋の数は一万にする予定でございます」

「何だって? 一万とな? そちはわしの宮殿に部屋がいくつあるか知っておるか」

「存じておりません」

「一万だ。そちは、わしと張り合うつもりか?」

「とんでもございません。さっそく訂正させていただきたいと思っております。どうかお許

しくださいませ」

永楽帝《えいらくてい》は慌てて跪《ひざまず》き、謝りながら力を込めて叩頭《こうとう》した。その叩頭の痛みで、永楽帝は夢から目覚めた。

「ああ、夢か。びっくりしたわい」

永楽帝は独り言をいいながら寝返りをした。しかしさっきの夢のことが気になって、もう寝つかれない。

万歳の意を取るにせよ万事順調の意を取るにせよ、やはり部屋の数は一万にしたい。だが、先ほどの夢が脳裏に鮮明に焼きついている。天のお告げかもしれないのだ。一万の部屋を建てても天帝に怒られない方法はないものかと、永楽帝は夜が明けるまで考え続けた。

翌日、永楽帝はもっとも信頼している大臣劉伯温《りゅうはくおん》を呼び寄せ、昨夜の夢のことと自分の悩みを打ち明け、解決策を求めた。劉伯温はしばらく考えて返事をした。

「陛下、いい方法がございます。部屋数は一万のままにして、その中の一部屋だけ半分の大きさで建てれば問題は解決いたします」

「どうしてじゃ」

「建前では九千九百九十九と半部屋でございますから、一万部屋ではございません。しかし実質の数を数えると、大小とは関係なく、間違いなく一万となります。陛下、いかがでございますか」

「ウーム。まさに妙案じゃ。よし、そのようにせよ」

劉伯温《りゅうはくおん》の方法を聞いた永楽帝《えいらくてい》はたいそう喜び、太ももを叩いてそう決めた。だから、紫禁城全体の部屋分の数は九九九九・五となっているのだ。もしかしたら、半部屋分の部屋はどこにあるのかと、興味を持っている人がいらっしゃるかもしれない。「文淵閣《ぶんえんかく》」という二階建ての建物の二階西側にあるのがそれである。

しかし、伝説はあくまでも伝説でしかない。

永楽帝は明王朝三代目の皇帝で、一四二四年まで生きた。一方、文淵閣という部屋は三六〇〇〇冊分もある《四庫全書》という中国古代書籍大全集を収蔵するため、清王朝の乾隆帝《けんりゅうてい》の時代に建てたものである。乾隆帝が即位したのは一七三六年なので、この間三〇〇年以上のずれがある。

実際には、紫禁城の部屋数が一万を超えた時期も過去にはあったと推測されている。しかし現時点では一万にも九九九九・五にも及ばず、八七〇七部屋となっている。

「紫禁城」の意味

われわれは何度も紫禁城ということばに触れた。そもそもなぜ皇帝の居場所を紫禁城と名づけたのか、不思議に思う人もきっと少なくないだろう。

中国の伝説では、天上には人間界と同じように、天を司る皇帝がいる。天帝と呼ばれ、天の中心を自分の居場所としている。では、天の中心とはどこのことだろう。

古代中国の天文学は天上の星を五つの区域に分けた。北極星を中心とした区域を「紫微垣《しびえん》」という。その外側には「太微垣《たいびえん》」と「天市垣《てんしえん》」という区域がある。さらに外側には「二十八宿《にじゅうはちしゅく》」と呼ばれる二八個の星座があり、二十八宿よりもっと外は「外官《がいかん》」と呼ばれる。

二十八宿はさらに東西南北に七星座ごとに分割され、それぞれ「青龍《せいりゅう》」、「白虎《びゃっこ》」、「朱雀《すざく》」、「玄武《げんぶ》」という名前を与えられた。

天上の星が北極星を中心に旋回しているように見えるため、古代の中国人は北極星のある区域、すなわち「紫微垣」を天の中心とみなし、天帝の居場所も紫微垣だと想定したのである。

また、地上の皇帝生活から想像すると、天帝は露天で寝泊りなさるはずがない。そこで、人々は考えたあげく、天帝は「紫微宮《しびきゅう》」に住む、という話を作った。

人間の皇帝は、天帝と同じように下界の中心に住んでいると考え、紫微宮の「紫」を借り、また、一般人が立ち入り禁止の区域だから「禁」の字を加え、自分の城を「紫禁城」と名づけた。意味を解釈すると、不滅な存在になる禁地ということになる。

3. 皇帝の職場

皇帝のメインオフィス

紫禁城内で最大の宮殿は「太和殿《たいわでん》」である。

皇帝の即位、生誕祝い、成婚、皇后冊立、年始祝いなど重要な儀式はみな太和殿で行われる。天安門で朗読された詔書《しょうしょ》も太和殿から発行した。太和殿には皇帝の「宝座《ほうざ》（玉座）」が置かれていて、いわばここが皇帝のオフィスだ。

中国の伝統的な考えでは、皇帝は「真龍天子《しんりゅうてんし》」、つまり龍の生まれ変わりであり、皇帝の顔を「龍顔《りゅうがん》」、皇帝の体を「龍体《りゅうたい》」、皇帝の制服を「龍袍《りゅうほう》」、皇帝のベッドを「龍床《りゅうしょう》」と呼ぶ。それだけでは物足りなくて、紫禁城の中には建物、家具、食器、服装などなど、至るところに龍の模様があり、まさに龍だらけの世界となっている。その中でも、極めつけなのが太和殿である。

中国には「太和殿の龍は数え切れない」という言い伝えがある。確かに数え切れないほど龍が多い。正確かどうかはわからないが、ある統計によると、一三、八四四匹が確認できたそうである。これほどの数を数えるには、たとえどんなに気長な人が数えたとしても途中でいらいらしてしまったであろう。

太和殿《たいわでん》に龍が多い理由は、そこがただ皇帝のオフィスだからということだけではない。龍には、火災から逃れられますように、という防火の気持ちも込められているのである。

中国の伝説では、龍は水を運ぶ動物である。空から降ってきた雨さえも龍の仕業だという。だから昔、降雨量の少ない区域には「龍王廟《りゅうおうびょう》」がたくさん建てられ、旱魃《かんばつ》にならないよう、毎年欠かさず龍を祭った。

皇帝も龍の生まれ変わりだと自称するが、残念ながら雨を降らせるパワーはない。仕方がなく、膨大な消防隊を作るような気持ちで、自分の宮殿に龍をたくさん刻ませた。

紫禁城内の建物は、太和殿をも含めてほとんどが木造である。数百年前の時代だから、照明は蛍光灯も電球もなく、油を燃やすランプを使っていた。冬の採暖とて同様だが、薪は煙が出るため使用せず、静かに燃える木炭を燃料として使っていた。それに北京あたりの気候はどちらかといえば乾燥している。災害の中でも火災は最も恐れられていたのである。

事実、歴史上この紫禁城は何度も火事に遭い、太和殿だけでも明王朝の時代に二回ほど不審火により焼き尽くされてしまったことがある。

現在の太和殿は一六九五年、康熙帝《こうきてい》の時代に建て直したものである。水を運んでくる龍をたくさん取りつけたおかげなのか、三〇〇年以上の歳月を経た今日でも当時の姿を見せてくれている。

太和殿の屋根のてっぺんは、二匹の大きな怪獣が真ん中の梁《はり》を飲み込んでいるデザインになっている。怪獣の背中には剣が刺されているよう見える。紫禁城の建物の上にはこういうデザインの屋根が多い。

この怪獣は龍の子だといわれ、名前を「鴟吻《しぶん》」という。水を噴霧することや雨を降らせる力を持っていると言い伝えられるので、よく屋根の両端につけられ、鎮火の意を持つ。その背中に刺された剣については、ある伝説が残っている。

鴟吻は竜王の次男で、能力があり、闘いにも強かった。

しかし竜王が息を引き取ったとき、鴟吻ではなく、長男に王の座を継がせた。鴟吻は兄を敬服していなかったので、王座を巡って兄と争いを始めた。

能力が鴟吻に及ばない兄は悪知恵が優れている。勝ち抜くため、兄が一本の梁《はり》を飲み込めるほうが王座に坐ってはどうかと提案した。自信満々の鴟吻は喜んで同意した。

兄は、王座を有能な鴟吻に奪われることを恐れ、鴟吻が必死になって梁を飲み込んでいるすきを見て背中から剣を刺し込み、鴟吻を梁に固定してしまった。

残酷な伝説である。

この伝説に呪われたのか、それとも鴟吻つきの屋根の下に暮らしているせいなのか、中国の各王朝には皇帝の座をめぐる肉親の血みどろの争いが絶えなかった。

太和殿《たいわでん》の屋根を飾っているのは鴟吻だけではない。屋根の四方向の瓦《かわら》のつなぎ目部分には、装飾として鳳に乗る仙人一人と獣一〇匹がずらりと並んでいる。こういう風格の建築は中国古代の建造物によく見受けられる。ところが紫禁城内と中国国内のほかの古い建造物とを比

太和殿（上）と保和殿の屋根飾り

べると、獣の数はこの太和殿《たいわでん》上が一番多い。これは、中国全土でこの建物のランクが一番高かったという意味である。

一〇匹の獣は一〇種類。高い方向へ順に数えていくと、それぞれ龍、鳳《ほう》、獅子、天馬《てんば》、海馬《かいば》、狻猊《さんげい》、押魚《おうぎょ》、獬豸《しゃじ》、斗牛《とうぎゅう》、行什《こうじゅう》である。

このうち龍や鳳など前の五つは、空想の動物であれ、実在の動物であれ、その名前を日本語のワープロで打てば出てくるほどだから、何となく理解しやすいだろう。しかし後半の五つの動物は、現代の中国人にとっても、ほとんど名前を聞いたことすらないものである。まあ、いずれにせよ、皇帝にとって都合の悪いものは飾らないはずである。

たとえば、狻猊は龍の子だといわれる。煙が好きで、香炉の蓋によく刻まれている。屋根に飾るのは、万が一の火事になっても煙も炎をみな吸いこんでもらえると期待するからだ。

押魚は伝説上の海の奇獣で、雨を招く能力を持つ。これも消火の役割を求めて屋根に飾ったのであろう。

獬豸は古代の奇獣だといわれている。言い伝えによると、はるか昔の賢明君主「堯《ぎょう》」の時代、宮廷に獬豸を飼っていた。この獬豸は主人に忠誠心を持ち、悪人を見抜く能力も優れており、邪悪な官僚を見つけると、突き倒して食べてしまうそうである。

世の中に本当にこのような獣がいるのであれば、どの皇帝も欲しがったに違いない。しかし探しても見当たらず、やむなく獬豸の陶俑《とうよう》を屋根に飾ったのである。雀がかかしを恐れることからヒントを得たのかもしれない。

また、斗牛《とうぎゅう》という飾り獣は牛ではない。古代伝説の中で語られた角のない龍である。龍一族のものだから、吉祥動物として屋根に「登った」と考えられる。

屋根までずらりと獣飾りを並べるとは、中国歴代の皇帝はそんなに陶器の飾り物が好きだったのかと、不思議に思う観光者がいらっしゃるかもしれない。実は、これはただの飾りではないのである。

屋根の四方向に伸びた脊柱《せきちゅう》部分の瓦《かわら》が滑り落ちないように、建築者はその部分の瓦を木の基材に釘《くぎ》で固定したそうだ。釘のところの雨もれや浸食などを防ぐためと美観のために獣飾りをつけた。すなわち、実用に基づいた飾りだといえる。


太和殿《たいわでん》の中に、背もたれはもちろん、手すりまでも細かく龍を刻んだ美しい椅子が置いてある。この椅子が皇帝の「宝座《ほうざ》（玉座）」だ。とても心地よく坐れる椅子とは思えないが、命を掛けてこの座を狙う人間も大勢いた。

この椅子に坐った最後の皇帝は清王朝のラスト・エンペラー溥儀である。

一九〇八年、軟禁されていた光緒帝《こうしょてい》は、西太后に殺されたのではないかという疑惑を残して、西太后の亡くなった日の前日に三八歳で息を引き取った。そこで光緒帝の弟の息子で、まだ三歳にもならない溥儀が西太后の指名を受け、清王朝の皇帝となった。

即位の礼は太和殿で行われた。儀式の時間が長かったためか、それともつまらなかったためか、この日初めて「宝座」に坐った溥儀は落ち着かなかった。仕方なく、摂政である父親が、宝座《ほうざ》の前に跪《ひざまず》きながら溥儀を動かないように両手で抑えていた。そのとき、「ここはいやだ。ここはいや。家に帰る。家に帰りたい」

と、溥儀は暴れながら泣き叫んだ。

盛大な儀式の最中、しかも百官の前だから、

「泣かないで。泣かないで。すぐ終わるよ。すぐ終わるから」

やむを得ず、父親が慌てて小さな声であやし続けた。

後に、この溥儀の父親が言った言葉は大きな波紋をもたらした。

日本ではいろいろな場面の忌《いみ》言葉がある。たとえば、結婚披露宴では「終わり」や「終了」などの言葉を使わず「お開き」を使う。

同じように中国でもいろいろな忌言葉があるのだ。

たとえば正月のとき、中国の北方には水餃子を食べる習慣がある。お湯の中で煮るから、破れる餃子があってもおかしくないことだ。しかしこのときは餃子が「破れた」とはいわず「笑った」という。「破れた」というと縁起が悪いからだ。

皇帝即位は王朝を継続するためであり、どの時代にあっても王朝が永遠に続くことを願っている。決して終わりにはしたくはない。だから、「すぐ終わる」という言葉は縁起が悪いのだ。

確かに、溥儀が即位してからの清王朝は長くは続かなかった。三年後の一九一二年、孫文革命のため六歳になったばかりの溥儀は皇帝の座を降りた。

太和殿の玉座

還暦を過ぎても生きていた溥儀にとって、三年間しか清王朝皇帝の座に坐れなかったことは、確かに「すぐ終わる」といえる。また、一六四四年から二〇〇年以上も続いていた清王朝が溥儀の代に入って三年しか持たなかったことも、確かに「すぐ終わる」に当てはまるのだ。

そこで、溥儀の父親の言葉と清王朝滅亡との関わりに関するエピソードが世間に広がり、今日まで言い伝えられている。

溥儀の父親はきっと、あのときのあの言葉をいわなかったらよかったなと、後悔していたに違いない。たとえいわないことが清王朝の長久をもたらせなくても、せめて太和殿《たいわでん》の椅子を見た後世の人々の物笑いの種にはならなかったであろう。

唯一皇帝しか坐ることが許されなかった太

和殿の宝座《ほうざ》（玉座）にまつわるエピソードもある。

話によると、この椅子はもともと今のところに置いたのではなく、飾り天井の龍の口から吊り下げた「軒轅鏡《けんえんきょう》」というボールの下に設置されていた。今の位置に移動したのは袁世凱《えんせいがい》である。

前にも触れたが、孫文革命の後、大統領になった袁世凱が帝政に復辟した。一九一五年の一二月、彼は皇帝を自称し、「洪憲《こうけん》」という年号をも定めた。即位の礼の準備をするとき、歴史の流れに逆らうのが心細いのか、ボールが上から落ちてくることを恐れ、椅子を台ごと今の位置にずらした。

それだけではない。袁世凱は椅子そのものをも取り換えた。清王朝と違うというイメージをアピールしたかったのか、彼はこの椅子を撤去し、新たに、足の高さが低く背もたれが高い袁世凱特製の椅子を設置させたが、これは袁世凱の足が短いからだ、ともいわれた。

袁世凱の帝政は全国規模で反対され、軍事行動にまで発展した。やむを得ず、一九一六年の三月、袁世凱は自ら帝政を取り消し、大統領の肩書きに戻った。この復辟は短命で、前後八三日しか持たなかった。ところが、帝政を取り消したものの、太和殿《たいわでん》のもともとの椅子を太和殿に返すこともせず、椅子の位置すら元のところには戻さなかった。

一九二四年、退位してから一三年も紫禁城の奥に住み続けていた溥儀は紫禁城から追い出され、その翌年、紫禁城は「故宮博物院」として発足し、一般市民に公開された。しかし残念ながら、歴代皇帝が座った「宝座《ほうざ》」はその後も現れなかった。袁世凱《えんせいがい》に撤去されてから一〇年も経ったので、椅子はどこに置かれたのか、また、どんな形や装飾だったのか、だれにもわからなくなってしまっていたからである。

一九五九年、ある専門家が光緒帝《こうしょてい》時代の太和殿《たいわでん》の写真を発見し、その写真に基づいて「宝座」の様子をつきとめ、とうとうそれを紫禁城内の古い家具などを置く倉庫から見つけ出した。その後、康熙帝《こうきてい》が「宝座」に坐って描かれた画像も見つかり、そのデザインから確かにこの椅子だと確認された。

四〇年以上も「倉庫生活」をしていた椅子は精彩を失っていた。かつての豪華さを取り戻すため、一九六三年から一年かかって修復作業を行い、現在、われわれ観光客の目に触れる椅子は、まさにその修復椅子なのである。

不思議なことに最後にこの椅子に坐った、かの皇帝溥儀が波瀾万丈な人生を送ったことにより、この椅子自身も「伝染」してしまったかのように、波瀾万丈な「生涯」を送ることになったのである。

科挙の最終試験場

太和殿の後に「中和殿《ちゅうわでん》」というやや小さい建物があり、その後には「保和殿《ほうわでん》」という太和殿に負けないほど大きな建物がある。ここは古代中国の科挙《かきょ》という受験戦争の最終段階の試験場としてよく知られている。

保和殿《ほうわでん》の真ん中には皇帝が坐る椅子が用意されている。皇帝も試験官だという意味である。科挙《かきょ》とはそもそも今の大学受験や公務員試験のようなものであるが、では、なぜ科挙の試験は紫禁城で行われるのか、なぜ皇帝自ら試験官に出るのかと、不思議に思う人もいらっしゃるだろうから、ここで簡単に科挙制度の歩みに触れてみよう。

科挙とはもともと「分科挙人《ぶんかきょじん》」の略で、分野を分けて人材を登用する意味である。隋《ずい》王朝以前の中国では、王族の子孫を任用することと、在職官僚より選抜推薦する方法で新しい官僚を登用した。しかし、この方法は選抜者の見る目と推薦者の資質に左右され、賄《わい》賂《ろ》や人情にも影響されるため、公正に人材を選ぶことが極めて難しかった。

そこで、隋王朝の時代から改革を行い、科目に分けて試験する方法で人材を選ぶ制度を始めた。ところが隋王朝は短命であり、わずか三七年で滅びてしまった。本格的な科挙制度はその後の唐王朝に入ってから次第に定常化されていったのである。

唐王朝の時代には、中央も地方も学校を設け、学生を招いて勉強させた。毎年冬になると、各学校の試験合格者が首都に送られ、科挙に参加させられた。これらの受験生は「生徒」といった。現在、日本の小中学校の学生も生徒と呼ばれるが、この語源は一四〇〇年ほど前の唐王朝までさかのぼれるのである。

さて、唐王朝当時の科挙は十数科目に分けられた。その中でもとりわけ重要視されたのは「秀才」、「明経《めいけい》」および「進士《しんし》」の三科目であった。特に秀才の科目は最も要求が厳しく、受験生が合格しなければ、彼を送ってきた地方の長官まで処分を受けなければならないほどだった。

しかし、受験生のためにあえて処分を受けてもかまわないとまで思う地方官僚はさほどいなかった。そのためか、秀才の試験を受ける人は徐々に減り、この科目の重要度も落ちていった。後に、明経《めいけい》の科目も進士《しんし》の一部となったため、科挙《かきょ》の焦点は進士になるかどうかの一点に絞られた。

もともと科挙は公正に人材を選ぶために設けた制度であるが、試験官の不正により本来実力のある者が選ばれないこともしばしばあったようで、当然受験者の不満も次第に募っていった。

宋《そう》王朝の初代皇帝宋太祖《そうたいそ》の代になると、科挙試験官の不正を告訴する事件があり、受験者が皇帝に是正を求めた。そこで、宋太祖は直ちに三八名の合格者全員と落第者一五七名を呼び集め、宮廷の「講武殿《こうぶでん》」で自ら再試験を主催した。

その結果、一二七名を合格としたが、前の合格者の中から一〇名もの落第者が出た。再試験は宮殿で行ったので、「殿試《でんし》」と呼ばれた。この事件がきっかけとなって、科挙制度にはもう一つ殿試という新たな関門が設けられ、それが最後の関門となった。明王朝も清王朝も漏れなく毎回の科挙に殿試を行い、紫禁城内の保和殿《ほうわでん》は清王朝の乾隆帝《けんりゅうてい》時代からずっと殿試の試験会場として使われ続けたのである。

さて、殿試が最後の関門というのなら、科挙に勝ち抜けるためには、いくつの関門をクリアしなければならないのだろう。

清王朝の科挙制度

科挙者の道	試験名	受験資格	合格者称号	関連事項
ステップ1	童試（入学試験）	科挙志願者	生員（秀才）	県試、府試、院試の三段階がある
ステップ2	郷試（地方試験）	科試という生員の卒業テストの合格者	挙人	各地方で試験を行う 三年に一回
ステップ3	会試（全国試験）	挙人称号獲得者	貢士	首都北京で行う 三年に一回
ステップ4	殿試（最終順位試験）	貢士称号獲得者	進士	紫禁城の保和殿で行う 会試の二ヶ月後

進士合格者の順位	一甲（進士及第）三名のみ（状元、榜眼、探花）	二甲（進士出身）若干名	三甲（同進士出身）若干名

清王朝の場合は、大きな関門が四つあった。

一つ目の関門は「童試《どうし》」である。

童試は三段階の試験に分けられ、順に「県試《けんし》」、「府試《ふし》」と「院試《いんし》」という。

科挙《かきょ》に志す人はまず県試を受け、合格したら府試、府試にも合格したら院試を受ける。院試の合格者は国の学校の学生となる。簡単にいえば、童試は入学試験だ。

童試の合格者は「生員《せいいん》」と呼ばれ、通常は秀才とも呼ばれた。

もともと秀才とは、唐王朝時代の秀才科に合格した人を指していたのだが、清王朝では秀才という名前を借りた。もちろん唐王朝時代の秀才とここでいう秀才とは、重みが全く違う。日本では頭がよく、学校の成績がよい人のことを秀才というが、どちらの秀才にたとえているのであろう。

生員には卒業テストのような試験があり、これを「科試《かし》」という。

科試に合格すれば、科挙の二つ目の関門である「郷試《きょうし》」にチャレンジできる。

郷試《きょうし》は三年おきに行い、合格者は「挙人《きょじん》」と呼ばれる。童試《どうし》と郷試はいずれも地方で受けることができた。

第三の関門は「会試《かいし》」という。北京で三年おきに行うが、もちろん挙人の資格を持たなければ受験できない。会試の合格者は「貢士《こうし》」と呼ぶ。貢士は会試の二ヶ月後、さらに最後の関門である殿試《でんし》を受け、合格してようやく「進士《しんし》」となれるのだ。ただ、貢士はよほどの理由がない限り、みな進士になることができた。殿試は貢士に順番をつけるための試験のようなもので、この試験によって合格した進士は三つのレベルに振り分けられたのである。

最高級は「一甲《いっこう》」、その次は順に「二甲《にこう》」と「三甲《さんこう》」。「一甲」に合格すれば「進士及第《しんしきゅうだい》」、「二甲」に合格すれば「進士出身《しんししゅつしん》」、「三甲」に合格すれば「同進士出身《どうしんししゅつしん》」と呼ばれた。

毎回の殿試では、二甲、三甲の合格者数を厳しく定めることがなかったため、多い場合もあったし、少ない場合もあった。しかし一甲の合格者数は厳しく定められ、どんな場合でも三人に限られていた。この三人の決め方は、まず採点官より上位一〇名の順位を決めて皇帝に提出し、皇帝が最終の裁決を行う。そして、一位になった人は「状元《じょうげん》」、二位は「榜眼《ほうがん》」、三位は「探花《たんか》」と名づけられた。

皇帝が順位を決めるとはいっても、必ずしも公平とはいえない。

乾隆帝《けんりゅうてい》時代のある年、採点官による採点成績が一位と二位の受験生はみな南方出身の人で、中国西北地方の陝西省《せんせいしょう》出身の王傑《おうけつ》は三位だった。しかしちょうどそのとき西北地方に戦事があり、乾隆帝は西北地方を大事にしている気持ちを表すため、わざわざ三位と一位と取り換え、王傑《おうけつ》がその年の状元《じょうげん》となったのである。

入れ替えを行ったのは、乾隆帝《けんりゅうてい》だけではない。光緒帝《こうしょてい》時代の一九〇四年春、中国科挙《かきょ》制度の最後の殿試《でんし》が保和殿《ほうわでん》で行われたが、このとき状元となった劉春霖《りゅうしゅんりん》も実は採点官による成績が一位ではなかった。

たまたまその年の春、中国では広範囲にわたってひどい旱魃《かんばつ》に見舞われ、畑の種まきですらできなくなったそうだ。西太后も光緒帝も劉春霖の成績より、彼の名前が気に入った。なぜなら、「春霖」を中国語で解釈すると、「春の降り止まない雨」という意味だったからである。そこで、いい兆しを取るという気持ちが先行したのか、劉春霖はその名のお蔭で中国に一三〇〇年以上も続いていた科挙制度の「ラスト状元」となったのである。

土台の工夫

保和殿はその前方の太和殿《たいわでん》、中和殿《ちゅうわでん》と同じ高さの高い基盤の上に建っていて、その基盤を空から見下ろすと、ちょうど「土」の字形に見える。これはたまたまそうなっていたのではなく、わざわざ「五行《ごぎょう》」の思想に基づいてそういう形に作ったのである。

古代中国では、森羅万象の根源は木、火、土、金、水の五つの元素だという「五行説《ごぎょうせつ》」がとなえられ、日常生活のさまざまな面に当てはめられていた。

たとえば、人体の「五臓《ごぞう》」に対応して、肝臓は木、心臓は火、脾臓は土、肺臓は金、腎臓は水に属するとされ、味の「五味《ごみ》」に対応して、酸っぱさは木、苦さは火、甘さは土、辛さ

保和殿後門の大きな石

は金、塩辛さは水に属するとされた。

　方位と色も五行《ごぎょう》に対応させた。方位の「五方《ごほう》」には、それぞれ東は木、南は火、中は土、西は金、北は水となり、色の「五色」には、それぞれ青は木、赤は火、黄色いは土、白は金、黒は水となった。

　こういう対応関係から理解すると、「土」は方位の「中」と対応している。だから「三大殿」ともいわれる太和殿《たいわでん》、中和殿《ちゅうわでん》、保和殿《ほうわでん》は「土」の字形の基盤の上に建て、ここが「中央の地」であることを強調する。また、真ん中の中和殿が前の太和殿や後の保和殿より小さいことも基盤の字形に合わせるためだといえる。

　保和殿後門の外には、「土」の字形の基盤を降りる階段があり、階段の真ん中に「雲龍階石《うんりゅうかいせき》」という龍を九匹刻んだ巨石がある。この巨石は、彫刻後でも重さが二〇〇トンほどあり、原石に至っては重さが三〇〇トン以上だったといわれている。

こんな重い巨石はいつ、どこから、どのようにして運ばれてきたのだろう。

一説によると、この巨石は明王朝の時代、一〇〇キロも離れた北京郊外から運んできたものだといわれている。明王朝の時代といえば、日本では江戸幕府以前の時代で、車すらなかった時代だから、当然大馬力の牽引車はなかった。

当時の人はこの石を運ぶため、まず五〇〇メートルおきに井戸を掘った。冬の季節に入ると、それぞれの井戸から水を汲んで道路にかけ、氷道を作り、千頭ほどの馬を使って巨石を引っ張って、少しずつ氷道を滑らせ、紫禁城内に運んできた。運搬には一ヶ月もかかり、立ち入った労働者の数は何と二八〇〇〇人に達した。

この巨石は氷の上で「スケート」しただけではなく、「殴られた」という伝説もある。巨石を紫禁城の外に運んできたとき、運搬を担当する官僚は皇帝に報告し、指示を仰いだ。皇帝は紫禁城の正門である午門から中に運べという命令を下した。しかし巨石の幅が広すぎて門から入らなかった。

事情を知った皇帝は自分の命令の過ちを反省するどころか、かえって自分の命令に逆らったとして、巨石を叱るとともに、巨石に廷杖《ていじょう》の罰を与えよと命じた。

それでこの巨石は、午門外で棒に殴られた官僚たちのように廷杖《ていじょう》を受けてから紫禁城に入ったのだ、といわれている。

現実にありそうもない「伝説」ではあるが、運搬の苦労を反映した話といえよう。

この巨石の履歴はそれだけではない。一度徹底的な「整形手術」も受けたこともある。巨石が最初に彫刻されたのは明王朝の時代。その姿は清王朝の乾隆帝《けんりゅうてい》時代までは保たれていたが、どういうわけか、乾隆帝は巨石の彫刻が気に入らなかった。そこで、彫刻職人を集め、元のデザインを全部取り壊し、今のように彫り直させたといわれている。

4．皇帝の私生活

寝殿の出来事

保和殿《ほうわでん》の後には『乾清門《けんせいもん》』という門がある。この乾清門は境界としての存在で、乾清門の前が皇帝の「職場」、乾清門を入ると皇帝の「家」となる。

皇帝の「家」の中心的な建物は『乾清宮《けんせいきゅう》』である。

ここは明王朝皇帝の寝殿だった。睡眠時間を八時間とすると、皇帝は三分の一以上の時間をこの屋根の下で過ごしたはずだ。

そのためか、ここでは皇帝にまつわるさまざまな出来事が起こった。特に有名なのは「壬《じん》寅宮変《いんきゅうへん》」といわれる女中たちが皇帝を謀殺する事件である。

明王朝の皇帝は安全のため、乾清宮《けんせいきゅう》内に九つの部屋を設け、二七個のベッドを置いたことがあるそうだ。毎晩どの部屋のどのベッドに寝るかは皇帝の好みで選べる。

しかしこういう対策は外から潜り込む者に対しては有効だが、皇帝の側近には何の意味もない。

一五四二年一〇月二一日未明、前述した明の世宗《せいそう》皇帝は、二一年も住んでいた乾清宮で熟睡していた。

楊金英《ようきんえい》という女中を始め、ふだん明世宗《みんせいそう》皇帝にいじめられていた数人の女中がひそかに明世宗皇帝のベッド前に集まった。彼女たちは皇帝が動かないように手足を押さえ、声が出ないように頭に布をかぶせ、あらかじめ用意していた太いひもで皇帝の首を締めつけ始めた。

皇帝は驚いて目覚め、懸命にもがいた。あまりにも突然な出来事だったため、激しくつかみ合って争った末、まだ殺されてもいないのに、恐怖で気絶してしまった。

殺す側の女中たちも怖がっていた。皇帝を殺すという過激な行動に緊張し過ぎたためか、皇帝の首に巻きつけたひもが絡みあい、こま結びになってしまった。いくら引っ張っても絞りきれず、なかなか殺せないので、女中の一人が怖くなり、仲間を裏切った。彼女は、慌てて皇后のところに走って報告したのである。

驚いた皇后がすぐさま人を連れて助けに行き、その場にいた女中たちを捕えた。世宗皇帝は運よく殺されずにすんだのだ。

その後、事件に関与した女中全員が「凌遅《りょうち》」、つまり生きたまま体をバラバラに切るという残酷な死刑方法で処刑され、皇妃二人も関係者として命を奪われた。

昔の中国は今のような西洋暦を使わず、干支《えと》の組み合わせで年を数えていた。乾清宮《けんせいきゅう》で起きたこの事件は、干支紀年で「壬寅《じんいん》」年のことだったので、歴史上「壬寅宮変《じんいんきゅうへん》」と称される。

この事件が世宗《せいそう》皇帝に与えたショックは大きく、言い伝えによると、その後、彼は死ぬまでの二〇数年間、二度と乾清宮で寝ることはなかったそうである。


壬寅宮変は後の清王朝にも教訓を与えた。

女性から皇帝の命を守るため、清王朝宮廷は皇帝と皇后以外の皇妃たちとの夜の房事に厳しいルールを作った。

毎晩、皇帝の夕食が終わったとき、宦官《かんがん》が銀で作ったトレーを皇帝の目の前に持ってくる。中にはそれぞれ皇妃の名前が書かれた十数枚または数十枚の札が並べられている。これらの札は一端を緑色に染めてあることから、「緑頭牌《りょくとうはい》」と呼ばれ、また、食事の時間帯に皇帝に呈するので、「膳牌《ぜんはい》」ともいわれた。

皇帝が夜をともに過ごしたいと思う皇妃があるときには、トレーの中からその皇妃の名が書かれた札を選び出し、それを裏返してトレーに戻す。その気がない場合は一言、「下がれ」というのである。

裏返した札がある場合、宦官はその札に書かれた皇妃に知らせ、入浴などの準備をさせる。

夜になると、皇帝が先にベッドに入り、足を掛け布団の外に出して待つ。この間、宦官は皇妃を裸にさせ、毛布でぐるりと巻いて、皇妃の住むところから皇帝の寝殿に背負って運ぶ。寝殿についた皇妃は毛布から出て、裸で横になっている皇帝の足側から掛け布団に潜り込む。

皇帝と皇妃が楽しんでいる間、皇妃を背負ってきた宦官《かんがん》ともう一人管理職の宦官は、ずっと部屋の外に立って待つのだ。待つ時間が長すぎると、管理職の宦官は、

「もうお時間でございます」

と大声で催促する。皇帝の返事がないときは、しばらくしてもう一度催促する。このようにして皇帝が返事をするまで催促を繰り返す。

房事が終わると、皇妃はまた掛け布団の足側から下がって出る。運んできた宦官はまた彼女を毛布で包み、住むところまで背負って送る。

一方、管理職の宦官はこの夜のことを「承幸簿《しょうこうぼ》」という皇帝の性生活を記載する「帳簿」に記録し、皇妃が妊娠する場合の証拠とした。

安全のためとはいえ、これほど用心深く女性を扱うのはやはり稀なことであろう。

日本の俳人芭蕉は、

「閑《しずか》さや　岩にしみ入る　蟬の声」

という有名な俳句を残した。蟬の声が岩にしみ込むのなら、清王朝二百数十年間わたり皇帝の寝殿前で、

「もうお時間でございます」

と大声で催促した宦官の声もきっと乾清宮《けんせいきゅう》のドアにしみ込んだと思ってもいいだろう。

噂の横額――「正大光明」

ところが、実際はそうはならなかった。なぜなら、この乾清宮《けんせいきゅう》を寝殿として使った清王朝皇帝は初期の順治帝《じゅんちてい》と康熙帝《こうきてい》だけで、康熙帝の後継者である雍正帝《ようせいてい》からは、皇帝は寝殿を「養心殿《ようしんでん》」という別の建物に移してしまったからである。

乾清宮に入ると、真正面に皇帝の座が置かれており、その上方には「正大光明《せいだいこうめい》」の四文字を書いた横額が掛かっている。紫禁城の中でこういう形の横額は数多くあるけれど、この横額はとりわけ有名だ。

「正大光明」は「正大」と「光明」二語の組み合わせであり、出典は中国古典の『易《えき》』である。日本語に訳せば、「公明正大」の意味であろう。

横額に書かれたこの四文字はもともと順治帝の御筆だったが、息子の康熙帝がそれを臨《りん》模《ぼ》し、横額をつくって乾清宮《けんせいきゅう》に掛けたそうである。

しかし、この横額が有名になったのは、二代皇帝が手掛けたからということではなく、この横額の後に、かつて横額に書かれた「正大光明《せいだいこうめい》」の意味とは正反対なものを置いていたのではないか、という清王朝歴史上の懸案と関連しているからなのだ。

懸案の当事者は雍正帝《ようせいてい》である。

清王朝の皇帝は満民族だから、必ずしも漢民族のように正妻の長男を後継ぎにするという伝統がない。たとえば、清王朝として初めて紫禁城の宝座《ほうざ》に坐った順治帝《じゅんちてい》は先帝の九番目の息子であり、順治帝の母が先帝の正妻ではなかった。また、順治帝に指名された後継ぎである康熙帝《こうきてい》も、三男で、皇后の子供ではないのだ。

康熙帝時代に入ると、一大帝国に君臨する康熙帝をもっとも悩ませたのが後継ぎ問題だった。彼には息子だけでも三五人おり、だれに後継ぎさせるか戸惑ったのである。

最初、康熙帝は漢民族の習慣にしたがって、皇后の息子を皇太子に立てた。しかし皇太子には望ましくない行動があったため、二度も廃立《はいりつ》を繰り返してから、とうとう康熙帝が皇太子を罷免《ひめん》した。

言い伝えによると、晩年の康熙帝は新たに皇太子を立てず、後継ぎに関する遺言を書いた詔書《しょうしょ》を作り、「正大光明」横額の後に置いた。

康熙帝の四男はひそかに皇帝の座を狙っている息子の一人だ。彼はこの遺言が気になり、機会をつくって横額の後から遺言の詔書を取り出し、開いて見た。中には「伝位《でんい》十四子」、つまり「十四番の息子に継がせる」と書いてあった。十四番の息子とは彼と同じ母の弟だ。詔書《しょうしょ》を見た四男は、自分が後継ぎに選ばれなかったことを知ったが、あきらめなかった。彼は筆を取り、真ん中の「十」の字に画数を加えて「于《よ》」に改め、またもとの通り横額の後に戻した。つまり、元来の詔書文「伝位《でんい》十四子」は、「伝位于《でんいよ》四子」と書き換えられたのである。

現代中国語の中で、「于《よ》」は「於《よ》」の略字（簡易体）として使われている。「於」は旧字として使われなくなった。しかし二〇〇年前の当時では、「于」と「於」はどちらを書いてもいいといわれていた。「於」は「〇〇に」の意味があり、書き直された遺言の詔書「伝位于四子」は「四番の息子に継がせる」の意味となった。

康熙帝《こうきてい》がなくなった後、この遺言が書かれた詔書が横額の後ろから取り出され、公表された。この詔書に基づいて、康熙帝の四男は「正々堂々」皇帝の座に腰を下ろした。彼は雍正《ようせい》帝《てい》である。

史書の記載によると、雍正帝即位は一七二三年のことである。

雍正帝が不正の手段で詔書を改めたから皇帝の座に坐れたという言い伝えは、その即位の年から二一世紀の現在まで、二八〇年以上も流されている。

果たして雍正帝は本当に康熙帝が書いた詔書を書き直したのか。その詔書は本当に横額の後に置いたのか。康熙帝は本当に後継ぎに関する詔書を書いたのか。民間ではさまざまな言い伝えがあるが、学者たちもいろいろな角度から真剣に研究している。結論をいうと、今なお定説がなく、懸案のままである。

しかし、面白いのは、懸案の当事者である雍正帝《ようせいてい》本人が皇帝になってから、うわさの「正《せい》大光明《だいこうめい》」の横額が気に入ったようで、この横額を介入させる後継ぎ制度を作った、ということである。

つまり、皇帝は生前に後継者を公表せず、後継ぎの名前を書いた詔書《しょうしょ》二通を作り、一つは乾清宮《けんせいきゅう》の「正大光明」横額の後に置き、一つは皇帝自ら保管する。皇帝がなくなった後または皇帝が自ら退位したとき、その詔書を公表し、二通の内容が一致すれば有効となる。

この制度は彼の代から西太后の夫君である咸豊帝《かんぽうてい》まで四度適用され続けたが、その後は使わなくなった。なぜなら、咸豊帝の息子は西太后が生んだ一人だけで、当然の後継者となったから。また、その後の皇帝は子供がいなかったため、後継者は全て実権を握っていた西太后の意志で皇族から選ぶこととなった。

宝の保管室

乾清宮の後には比較的小さな建物があり、『交泰殿《こうたいでん》』という。ここが乾隆帝《けんりゅうてい》の時代から皇帝の印鑑を置く場所となっていた。

われわれ一般家庭で使う印鑑は、なくさないように必ずどこかにしまっておくのだが、皇帝の印鑑は何と、大きなケースの中に納められ、正々堂々部屋の中に並べられていた。その保管の様子は、今もそのまま見ることができる。

交泰殿《こうたいでん》に保管された印鑑は全部で二五個ある。

伊丹十三監督が演出した映画『マルサの女』には、脱税者がたくさん印鑑を持っているシーンがあった。銀行口座をたくさん開いたことを語りたかったのであろう。

しかし皇帝は他人の名義を借りる必要もないし、たくさんの銀行口座を開く必要もないのに、なぜそんなに数多く印鑑を持つのだろう。皇帝が認めたという証拠として使うものだから、一つあれば十分ではないか。

ところが皇帝はそう思わなかった。

中国歴史上、始めて皇帝という名称を使った秦の始皇帝からラスト王朝である清王朝まで、数多くの王朝が現れたが、一つしか印鑑を使わなかった王朝はなかったようだ。

秦の始皇帝の時代には、印鑑を七個用意した。世代伝承用の印鑑、詔書《しょうしょ》公表用の印鑑、軍隊派遣用の印鑑、官僚褒賞用の印鑑、祭祀《さいし》に使う印鑑、属国《ぞっこく》に命令を出す印鑑、外国に文書を出す印鑑と、それぞれ用途によって違う印鑑を使った。

その後、歴代の王朝も、それを真似して複数の印鑑を使っただけではなく、次第に印鑑の数を増やした。明王朝のときには印鑑の数を二四まで増やし、清王朝の乾隆帝《けんりゅうてい》時代に入ると全部で三九個を保有したそうだ。そこで、乾隆帝は、増える一方の印鑑に「整理整頓」を行い、最終的に二五個に決めたのである。

なぜ乾隆帝が印鑑の数を二五個にしたのか。当時の人々は推測したものの、真意はわからなかった。乾隆帝が八六歳のときに「縁起のためだ」と、自らそのわけを語った。

中国歴史書に記されている王朝の中では東周王朝《とうしゅう》が五一四年も続き、存続期間が一番長かった王朝だ。それに王も二五代を継承し、世代数も一番多かった。一代名君の乾隆帝《けんりゅうてい》は、自分の清王朝に千秋万年を望んだとしても、現実離れしていて実際には実現しえないだろうから、せめて東周王朝のように二五代は継がせて欲しい、という願いを込めて印鑑を二五個選んだ。

ところが残念ながら、彼の子孫は意気地がなく、順治帝《じゅんちてい》から数えると一〇代しか継がれなかった。どうも印鑑の数で縁起をかつぐだけでは効《き》かないようだ。

皇帝の印鑑は大きい。この二五個の印鑑のうち、一番小さいものは約七センチ四方、一番大きなものは、何と一九センチ四方ほどもあり、かなりでかいのだ。これをいまのB5版コピー用紙に捺印すると、横の両側がはみ出してしまう。

この二五の印鑑の中には、珍しいものが二つある。

一つは、満民族文字だけを刻んだ印鑑である。

二五の印鑑のうち、漢字と満民族文字を並べて刻んだものが二四を占めているが、満民族文字のみの印鑑は一つだけだ。

日本も中国も、印鑑とは漢字を刻んでいるものだというイメージが強い。しかし現在の日本では、片仮名のみの印鑑も少ないながら使われている。初めてそういう片仮名のみの印鑑を見たときには、きっと珍しさを感じるだろう。だとすると、今使われていない満民族文字のみの印鑑はもっと珍しく感じられるにちがいない。

もう一つは白檀《びゃくだん》で作った印である。

乾隆帝《けんりゅうてい》が選んだ二五の印の中で、玉《ぎょく》で作ったのが最も多く、二三個を占めた。残った二つは、一つが金で作ったもので、もう一つが木質の白檀で作ったものだ。

中国の歴代王朝にとって、良質な玉や貴金属の金で皇帝の印鑑を作るのはほぼ常識のようになっていた。清王朝のこの木質の印鑑は唯一の例外である。では、なぜ乾隆帝は敢えてこの木質の印鑑を選んだのだろう。

乾隆帝自らがそのわけを打ち明けた。

「統治は徳によって行い、印には関係ないのだ。印鑑がいくら重くてもただ一つのものに過ぎない」

つまり乾隆帝は、国が繁栄するかどうかは人徳にあり、物の善し悪しや印鑑の貴重さ、重さとは関係ないことを子孫に伝えたいから、この印を選んだのではないかと考えられる。

印鑑占いを信じる人はこのいい方に異議を持つかもしれない。しかし立派な印鑑を持つ王朝、会社あるいは家庭が必ずしも繁盛し続けていたとはいえないのも現実であろう。

今までずっと皇帝の印を印鑑といってきたが、実は皇帝の印は印鑑とは呼ばない。「璽《じ》」または「宝《ほう》」と呼ぶのだ。

それに、璽や宝と呼ぶだけではなく、印に刻んだ文字にもほとんど璽や宝の字が入っている。たとえば、清王朝の白檀で作った印には「皇帝之宝《こうていしほう》」を、金印には「大清嗣天子之宝《だいしんしてんししほう》」

を刻んでいる。

秦王朝皇帝の七つの印のうち、六つの実用印はそれぞれに「皇帝之璽《しじ》」、「皇帝行璽《こうじ》」、「皇帝信璽《しんじ》」、「天子之璽《しじ》」、「天子行璽《こうじ》」および「天子信璽《しんじ》」と刻まれ、いずれも璽《じ》の字が入っている。もう一つ世代伝承に使う印には璽という字が刻まれていなかったけれど、印の名前が「伝国璽《でんこくじ》」と呼ばれている。

「璽」はもともと、ただ印鑑の意味だけで、だれの印鑑についても使える言葉だった。しかし、秦の始皇帝が中国を統一すると物事の呼び方や文字などについていろいろな改革がなされ、璽という字の使用権は皇帝の印のみに限定されてしまったのである。

中国の歴史上、もっとも有名な璽は秦の始皇帝時代の「伝国璽」である。

中国を統一した秦の始皇帝がわざわざ「藍田玉《らんでんぎょく》」という良質な玉《ぎょく》を使って、世代伝承用の伝国璽を作った。この璽には「受命於天《じゅめいよてん》、既寿永昌《きじゅえいしょう》」（天命を受け、統治をいつまでも）の八文字を宰相李斯《りし》の篆《てん》書体文字で刻んでいる。

言い伝えによると、この伝国璽は数奇な運命をたどっていた。

紀元前二一九年、始皇帝が南方巡行のとき、現在の湖南省《こなんしょう》と湖北省《こほくしょう》の境にある洞庭湖《どうていこ》で風浪に遭遇し、始皇帝が乗っている船が転覆するところだった。危険の中、始皇帝がこの伝国璽を湖に投げ、波を鎮めたそうだ。その八年後、始皇帝がほかのところへ巡幸《じゅんこう》に行った途中、ある人が洞庭湖の底に沈んでいたはずの伝国璽を始皇帝の侍従に手渡し、「これを始皇帝に」といい終わったとたん消えていた。こうして、八年ぶりに伝国璽がまた始皇帝の手に戻った。

秦王朝が滅んで、伝国璽《でんこくじ》は前漢王朝の初代皇帝劉邦《りゅうほう》の手に入り、前漢王朝の伝国璽となった。その後約二〇〇年間は、無事に前漢一一代の皇帝に継がせたが、末期には権力簒奪《さんだつ》の成功者、王莽《おうもう》の手に転じた。

前漢王朝の大司馬《だいしば》（宰相に相当する）王莽は、前漢王朝を滅ぼし、新しい王朝「新《しん》」を作り、自ら皇帝の座に坐った。

当時、前漢の皇太后から伝国璽をもらうとき、前漢王朝が滅ぼされた悔しさで怒った皇太后が伝国璽を地面に投げ捨てた。そのため、伝国璽の一ヵ所が欠けてしまい、後に金を使って修復した。

「新」の皇帝となった王莽は、「負傷」した伝国璽を一五年間預かっただけで、間もなく反乱軍によって皇帝の座から下ろされた。彼は伝国璽を持って宮廷から逃げ出したが、逃げる途中で殺され、伝国璽は数人の手を通して、最後に後漢の初代皇帝劉秀《りゅうしゅう》の手に入った。

後漢王朝も伝国璽は代々継がせるものとしてこれを大事に保管した。

後漢王朝の末期、ある動乱があり、当時の皇帝が宮廷から逃げ出した。途中で伝国璽を持っていないことに気づき、わざわざ戻って取りに行ったが、もうその時には伝国璽は行方不明となっていた。

数年後、時代は小説『三国志』の時代に入った。後に呉の国王になった孫権《そんけん》の父である孫《そん》堅《けん》は、軍を率いて後漢首都洛陽《らくよう》の宮殿に駐在していたとき、ある井戸から彩色の光が放たれていることに気がついた。調べたところ、井戸の底から婦人の死体が引き上げられ、その首には袋が掛かっていた。中には錠が掛かった箱があり、その箱に伝国璽《でんこくじ》が入っていた。

意外な収穫に喜んだ孫堅《そんけん》は、ひそかにその伝国璽を手中に収めようとしたが、上司に当たる袁紹《えんしょう》に知られてしまった。

皇帝の座を狙っている袁紹はさっそく孫堅の妻を人質に取り、孫堅に伝国璽を渡すよう求めた。やむを得ず、孫堅はしぶしぶ伝国璽を袁紹に手渡した。その後、袁紹が曹操《そうそう》に滅ぼされ、伝国璽は曹操にコントロールされた後漢の宮廷に戻った。

後漢滅亡後、伝国璽は魏《ぎ》国と後継ぎの晋《しん》王朝、隋《ずい》王朝、唐王朝に所有され、この間、もう一度井戸に投げられる運命もあった。

唐王朝の後、中国は五代《ごだい》という混乱の時期に入り、伝国璽も幾度も流転の悲運に遭った。最後は、後唐《こうとう》という王朝のある皇帝が自ら火に飛び込んで命を落としたとき、伝国璽をも「同行」させた。紀元九三〇年前後のことである。

しかし、北宋《ほくそう》王朝の後期、約一五〇年ぶりに伝国璽が再び世に現れた。ある人が当時の哲《てっ》宗《そう》皇帝にこれを献上した。その後、哲宗皇帝の後継ぎである徽宗《きそう》が北方の金王朝の捕虜となり、伝国璽も戦利品として徽宗と一緒に北方の金王朝へ遠く旅立った。

金王朝は元王朝に滅ぼされ、伝国璽は元王朝の所有物となったが、元王朝の滅亡に伴ってもう一度姿を消した。

後の明王朝と清王朝も、何度か伝国璽を見つけて皇帝に献上したという話が伝えられていたが、いずれも本物ではないと見られ、大事にはされなかったそうだ。

交泰殿の水時計

一つの印鑑として、伝国璽《でんこくじ》が千年以上も王朝の盛衰を見聞し、千年以上も各王朝に大事にされ、また破損したり、湖に沈んだり、井戸に落ちたり、火に焼かれたりなどいろいろ印鑑らしくない経験をした。これほど波瀾万丈な経歴をした印鑑は、世界広しといえども、これ以外にはないであろう。

さて、話は清王朝皇帝の印鑑を保管していた交泰殿《こうたいでん》に戻そう。

この交泰殿の中には印鑑が置かれていただけではなく、時計も昔から置かれていた。

印鑑を置く場所の西側には大きな西洋式の時計がある。これは、一七九八年宮廷の職人によって作られ、二〇〇年以上も経た今になっても、依然、進みもせず、遅れもせず、元気いっぱいに動いている。

一方、印鑑を置く場所の東側には、「銅壺《どうこ》

滴漏《てきろう》」という中国古来の時計が置いてある。

「銅壺滴漏《どうこてきろう》」は「滴漏《てきろう》」ともいうが、砂時計と同じ原理の水時計だ。上方に置いた銅の壺《つぼ》から、水が順次下に置いた銅の壺に水滴となって少しずつ滴《したた》り、落ちた水の量で時間を計る。

通常、一番下にある「受水壺《じゅすいこ》」という銅の壺の中には、「漏箭《ろうせん》」と呼ばれる標尺があり、落ちて溜まった水の上に浮かんでいる。受水壺の水量が多くなると、漏箭は自然に上の方向へ移動する。その移動の距離、つまり漏箭の位置によって時間が計れるように設計されているのだ。

漏箭には九六等分の小さな目盛りと一二等分の大きな目盛りが刻まれていて、小さな目盛りは一五分の時間間隔に対応し、大きな目盛りは二時間ずつの間隔である。漏箭一つ分移動するとちょうど一日、つまり二四時間となる。

中国語も日本語も、いまなお一五分を「一刻」で表現しているが、その由来は漏箭の「一刻み」からきたのだ。

西洋式の時計がまだ中国に導入されていなかったとき、中国では一時、二時、三時のように数字で時間を表わすのではなく、子時《ねのこく》、丑時《うしのこく》、寅時《とらのこく》のように十二支で時間を表わしていた。昔の日本と同じように夜中の一一時から一時までの間を子時、一時から三時の間を丑時、三時から五時の間を寅時という。だから、漏箭の大きな目盛りは二四等分ではなく、一二等分になったのだ。

銅壺滴漏は中国で古い歴史を持っている。

現在も実物を見ることができるものとしては、中国歴史博物館の中に、一三一六年前後（元王朝時代）に作られた、やや複雑な構造を持つ銅壺滴漏《どうこてきろう》が陳列されている。また、河北省や陝西省や内モンゴルなどからも紀元前一〇〇年前後（前漢王朝時代）の銅壺滴漏が発見されている。

文献を調べると、銅壺滴漏の歴史はもっと古い。『周礼《しゅらい》』という古典には、紀元前一一世紀の周王朝が、銅壺滴漏を管理する役人を設けたという記載があり、すでにその時代から銅壺滴漏があったことになる。

西洋式時計がなかった時代の中国では、それぞれの家庭がみな銅壺滴漏を持っていたわけではない。ほとんどは役所が所有しており、専任の人を指定して管理させた。時間を各家庭に知らせるため、町には「鐘楼《しょうろう》」と「鼓楼《ころう》」が建てられ、中には大きな鐘と太鼓を設置し、時間帯によって鐘または太鼓をたたいて時間を知らせた。

鐘や太鼓の音が聞こえない場所にある農家などの一般家庭は、仕方なく、昼は日の影で、夜は星の位置で、朝はニワトリの鳴き声で時間を推測したのだ。今の生活から想像すると、随分不便だったことだろう。

二つの疑問

交泰殿《こうたいでん》の後ろに建っている大きな宮殿は『坤寧宮《こんねいきゅう》』といい、かつては明王朝皇后の寝殿だった。

清王朝に入ると、この宮殿内の一角はずっと新婚の皇帝と皇后の寝室として使われていた。順治帝《じゅんちてい》、康熙帝《こうきてい》、同治帝《どうじてい》、光緒帝およびラスト・エンペラー溥儀もみなここで新婚初夜を過ごした。ただ、雍正帝《ようせいてい》や乾隆帝《けんりゅうてい》などほかの皇帝は、皇帝になる前にすでに結婚しているので、ここに泊まる機会はなかった。

今、その一角は光緒帝《こうしょてい》が結婚したときの様子と同じように飾り付けられている。まあ、寝室というよりは、クイーン・ベッドが一つぽつんと置かれた部屋、という表現の方が妥当だといえるかもしれない。坤寧宮《こんねいきゅう》自体がかなり大きいから、その端っこに置かれた新婚用のクイーン・ベッドは、まるでバスケットボールのコートの一角に卓球台を置いたような感じだ。それを見ると、すぐさま二つの疑問が浮かび上がる。

一つは採暖の問題。北京の冬は日本の北海道くらい寒い。今の冷暖房用の空調はもちろん、スチーム暖房さえもなかった時代に、この大きな建物をどうやって温めていたのであろう。もう一つはトイレの問題だ。坤寧宮には昔からトイレがなかったそうだが、寝室から宮殿出入り口までは距離もあるし、夜、お手洗いに行くのは大変不便だったのではないかということだ。

この二つの疑問は坤寧宮だけではなく、紫禁城全体にも当てはまる。なぜなら、明王朝と清王朝当時の紫禁城には煙突が一つもなく、トイレも室内、室外を問わず一つもなかったからだ。

実は、当時の紫禁城内では、飲食物を作る厨房も部屋の採暖もみな炭火を使っていた。薪など煙の原因となる燃料を一切使わないため、煙突を立てる必要はなかったそうだ。

各寝室は部屋の大きさと関係なく、昼も夜も絶やすことなく炭火の床暖房または炭火のオンドル式ベッドにより採暖を行い、人が頻繁に出入りする部屋には、さらに大きな火鉢も用意されていた。

紫禁城は延べ七二万平方メートルの面積を占め、柱間で計算すると一万ほどの部屋があり、中に数千人が住んでいた。冬になると、一日にどれほど大量の炭が消耗されたかは、想像がつくであろう。

一方、当時の紫禁城内はどこもトイレがなく、あったのは「おまる」だけだそうだ。つまり皇帝と皇后を始め、紫禁城の中で生活する人は、だれでもいつでもおまるで用を足したのだ。

そのため、木製、金属製、陶磁器製など宮廷の中にはさまざまな種類のおまるが用意されていた。また、消臭と後始末がしやすいため、紫禁城内で大量に発生した炭火の灰が収集され、おまるに敷くようリサイクルされていた。

炭火灰にまぜた排泄物は、決まった時間に収集され、紫禁城外に運び出される。まるで今の生活ゴミが各市町村の収集業者に収集され、搬出されるかのようだ。中国では、最近『雍《よう》正《せい》王朝』という名の連続テレビドラマが放送されたが、その中でも何度もそういう搬出場面を再現していた。

中国の近代史に大きな影響を与えたあの西太后も例外なくおまるで用を足したのだ。通常、おまるは中国語で「便盆《べんぼん》」、「便桶《べんとう》」または「馬桶《ばとう》」と呼ばれるが、西太后のおまるは「官房《かんぼう》」という。

呼び方が違うだけではなく、西太后の官房は特別に白檀《びゃくだん》で作ったヤモリ形のものだった。その中には、一般のように炭火の灰を敷くのではなく、香りを出す木材の粉末を敷いた。この官房は普段部屋には置かず、必要なときだけ西太后のいる部屋に運んできた。

運び方も独特だ。官房担当の宦官《かんがん》は、官房を黄色い布袋に入れ、頭の上に載せて部屋の玄関まで運び、黄色い袋から官房を取り出して西太后の侍女にうやうやしく渡す。侍女が官房を部屋に運んで用意する。西太后が用を足した後、侍女は再び官房を玄関まで持って行き宦官に渡し、宦官はそれを再び黄色い布袋に戻し、また頭の上に載せてそれを取り扱うところに運んでいく。

話によると、西太后は胃腸が弱いほうで、晩年になるとなおさらひどくなったそうだ。官房担当の宦官たちはさぞかし大変だったであろう。

宦官の話

紫禁城の中で、きつい、汚い仕事は少なくない。こういう仕事の主役は宦官である。

宦官は去勢《きょせい》されて宮廷で働く男だ。中国では、甲骨《こうこつ》文字を使った殷《いん》の時代またはその前の時代から二十世紀の初頭まで、その歴史は数千年に渡っていた。

秦王朝の時代、二世皇帝に鹿を見せて、わざと「これは馬だ」といった宰相趙高《ちょうこう》は、宦官の一人だ。日本語の「馬鹿」という言葉は、もしかするとこの故事から由来しているのかもしれない。

紙の発明者として人類文化の歴史に名を残した後漢時代の蔡倫《さいりん》も宦官《かんがん》の一人だ。この数十年、中国の考古学者は数ヵ所の前漢時代の墓から古い紙を出土した。そこで、蔡倫の時代よりも前にすでに紙があったのだから、蔡倫は紙の発明者とはいえないのではないか、と思う人が多くなった。しかし後漢王朝の宮廷で働いていた蔡倫が、それまでの紙について研究と改良を重ね、紙の実用性を高めたことは事実である。

美女楊貴妃の話を語るときも宦官が登場する。楊貴妃はもともと唐王朝玄宗《げんそう》皇帝の息子の妾《めかけ》だった。玄宗皇帝に一目惚れされて、宦官高力士《こうりきし》の斡旋で玄宗皇帝の妃になったのだ。

また、「安史《あんし》の乱」という反乱があって、玄宗皇帝がやむを得ず、西安郊外の馬嵬坡《ばかいは》で楊貴妃を縊死させたとき、その執行者もまた宦官高力士だった。

余談になるが、楊貴妃の墓は馬嵬坡に建てられ、一二〇〇年以上の歳月を経た今もなお残っている。話によると、昔の墓は「かまくら」の形にこんもりと土を積み上げたものだったが、年月の流れに随《したが》って次第に高さが減り、肉まんのようにペシャンコになってしまった。そこで、何度も何度も土を積み上げたという。

雨によって土が流出したことも原因の一つだが、むしろ最大の原因は、甲子園の高校野球に出場した生徒たちが土を袋に詰めて持ち帰るように、墓参りの若い女性たちが墓上の土を袋に詰めて持ち帰ったことにある。

なぜなら、その土を水で溶いて顔に塗ると、自分の顔も楊貴妃のようにきれいになれると彼女たちは信じていたからだ。

でも、今はそういうことをする女性はいない。効かないことがわかったという意味ではなく、かまくら形の墓の表面には、全面に青レンガが敷かれ、土を取ろうとしてももう取れなくなってしまったからなのだ。

もう一つ言い伝えがある。

楊貴妃の死を執行したはずの宦官《かんがん》高力士《こうりきし》は、彼女を死なせることに忍びなく、替え玉を使って楊貴妃の命を助けた。その後、楊貴妃は転々と海の方向に移動し、最終は船に乗ってひそかに日本に逃げてきたという説もあり、山口県の油谷町には楊貴妃の墓が残されている。

こう見ると、宦官は派手なことばかりやったのではないかと、錯覚されるかもしれないが、実は、ほとんどの宦官は、門番、籠かき、炭の運搬、部屋と庭の清掃や、おまる掃除など、苦労の日々で一生を終えたのだ。善名であれ、悪名であれ、歴史に名を残した宦官はほんのわずかだけである。

というのは、どの王朝でも、宦官の数は多かった。たとえば明王朝の時代、数万人の宦官が働いていた時期もあった。清王朝に入ると、宦官の数を大幅に削減したものの、やはり千人単位の宦官が働いていた。

文献の記載によると、乾隆帝《けんりゅうてい》時代の一七九三年には宦官二六〇五人、乾隆帝の息子である嘉慶帝《かけいてい》時代の一七九八年には宦官二六七五人、西太后の息子同治帝《どうじてい》時代の一八七四年には宦官一五九六人、その次の光緒帝《こうしょてい》時代の一八八七年には宦官《かんがん》一六九三人がいた。千人以下になるのは退位してからも依然と紫禁城内で暮らしていたラスト・エンペラー溥儀の時代だけである。

では、どこからこんなにたくさんの宦官を集めたのだろう。

方法は大きく分けて二つある。

一つは強制的な方法。戦争の捕虜や犯罪者家族の男性を強制的に去勢《きょせい》し、宦官として使う。また、辺鄙な地方の幼い子供を売買や拉致などの手法で集め、本人に知られないように去勢して宮廷へ送り、宦官として使うこともある。

鹿を指差して「これは馬だ」といった宦官趙高《ちょうこう》は、もともと戦国時代の趙国の人である。趙国が秦国に滅ぼされたので、趙高は捕虜として秦国に連れられ、無理矢理去勢させられた。

一方、楊貴妃の命を助けたと言い伝えられた宦官高力士《こうりきし》は、「嶺南《れいなん》」と呼ばれる広東省《かんとんしょう》の出身である。当時の嶺南は辺鄙なところで、幼児の人身売買も、幼児をひそかに去勢して奴隷として高値で売る悪質な商売もあった。高力士は一〇歳のとき身を売られ、彼を買った人が去勢してさらに高値で売ったのだ。その後、転々として宮廷の宦官になった。

もう一つ宦官を集める方法は、自分の意志で去勢した人を宦官として登用することである。明王朝と清王朝に入ると、生計のため、またはいい生活を送るため、自ら宦官を志願する人が多くなった。そのため、他人を去勢することで生計を計る専門業者までも出てきた。

西太后の晩年、彼女に信頼され、彼女の紙、筆、墨、硯、印鑑、朱肉、線香および数珠を管理した宦官《かんがん》は張蘭徳《ちょうらんとく》という。八種類のものを管理するから、「八宝太監《たいかん》」と呼ばれた。「太《たい》監《かん》」は宦官に対するもう一つの呼び方である。

この張蘭徳は北京周辺の河北省《かほくしょう》の農家出身で、自ら去勢《きょせい》して宦官になったのだ。彼の出世を見て、同郷の孫耀庭《そんようてい》も自分の意志で去勢した。二〇世紀初頭のことである。

孫耀庭が宦官として紫禁城に入ったのは一九一八年。そのとき、溥儀は退位皇帝として紫禁城に生活している。

一九九六年一二月、九四歳まで生きた孫耀庭は、北京で亡くなった。このことは大きなニュースとして全世界で報道された。確かに、彼の死は大きな意義を持っている。なぜなら、彼は中国の歴史上、最後の宦官であり、彼の死によって長く続いた宦官の歴史に終止符が打たれたのだから。

5. 勇敢な絵

坤寧宮《こんねいきゅう》の後に大きな庭園がある。ここは、皇帝や皇后および後宮に暮らす女性たちが遊楽する場所である。中には樹木も草花も植えられ、珍しい形の石を積み上げた「山」もあり、あずまややも建てられた。

その庭園の中でも、特に珍しいと感じられるのは、約一〇〇〇メートルの長さの小石で敷いた道である。この道はただの小石道だけではなく、何と、いろいろな色の小石で七〇〇枚以上の「小石絵」を組み立てた道なのだ。

絵の内容を大きく分類すると、おおよそ三つの種類に分けられる。

一つは龍、鳳、鶴、カササギなど吉祥の意味を持つ図案だ。

もう一つは花、草、鳥、虫など自然にあるものを表現した絵である。

三つ目は、中国の民間伝説や歴史物語または歴史人物を語る絵で、たとえば、歴史小説『三国志』の一つ一つの場面、怪奇小説『聊斎志異《りょうさいしい》』の物語の場面などなど。

中でも、とりわけ面白いのは、皇帝が后妃にいじめられている様子を表現した四枚一組の小石絵である。

一枚目は、后妃が皇帝を洗濯板の上に侍《はべ》らせ、大きな布をすっぽりと覆い被せてしまい、動かせないようにしている様子。

二枚目は、后妃が箒《ほうき》を持って皇帝を殴り、皇帝が洗濯板の上に跪き、縁台《えんだい》を頭に載せられ、后妃に許しを請うている。

三枚目は、皇帝が縁台の上に跪いて、頭上に大きな器を載せて反省している。

四枚目は、皇帝が馬で逃げて、后妃が棒を持って追いかけている。

紫禁城の主人は皇帝である。もちろんこの庭園の主人も皇帝である。それに、いくら皇帝が忙しいとはいえ、庭園に入らないとは断言できない。

だれの作品かわからないが、敢えて紫禁城の中、かつ皇帝の目が届くところにこういう皇帝のメンツをつぶすほどの絵を描くとは、なかなかの勇気であろう。

この庭園の東側に、もう一つ庭園があり、『乾隆花園《けんりゅうかえん》』という。そこには皇帝が后妃にいじめられる小石絵こそないが、皇帝が后妃を守れなかった証拠が残っている。証拠とは、口の直径が三〇センチメートル前後しかない小さな井戸、「珍妃井《ちんひせい》」である。

話は清王朝の光緒帝《こうしょてい》のことだ。

西太后の実の息子同治帝《どうじてい》が一三年間皇帝の座に坐り、一九歳の若さで亡くなった。子供がいなかったため、権力者の西太后は、皇族の中から自分の妹が生んだ四歳の光緒帝を後継ぎとして立てた。

光緒帝は一九歳のとき結婚し、皇后一人と妃二人を持った。いずれも西太后の意志で決められたのだ。皇后は西太后の弟の娘で、「隆裕皇后《りゅうゆう》」と呼ばれていた。妃二人は姉妹であり、姉は「瑾妃《きんひ》」、妹は「珍妃《ちんひ》」という。

三人の中で、珍妃がもっとも光緒帝に寵愛され、もっとも光緒帝に嫌われたのは隆裕皇后である。そのため隆裕皇后は、この現実に不満を抱き、珍妃の悪口を西太后の耳に頻繁に吹き込んだ。

西太后も隆裕皇后の言葉を無視しなかった。いろいろな隙を摑《つか》んでは、厳しく珍妃を処罰し、しまいには彼女を紫禁城の一角に幽閉した。一国の皇帝である光緒帝《こうしょてい》は、西太后のする

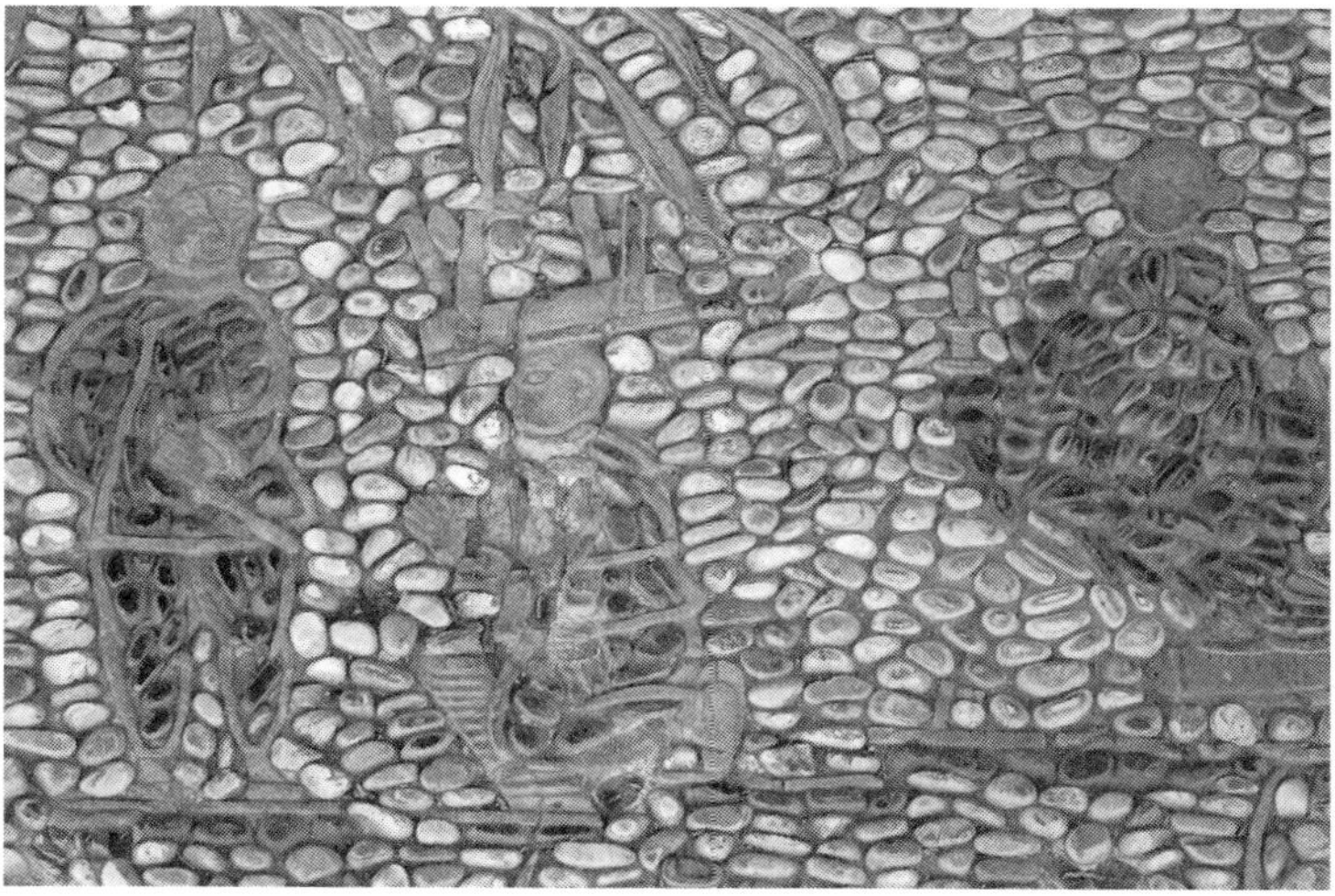

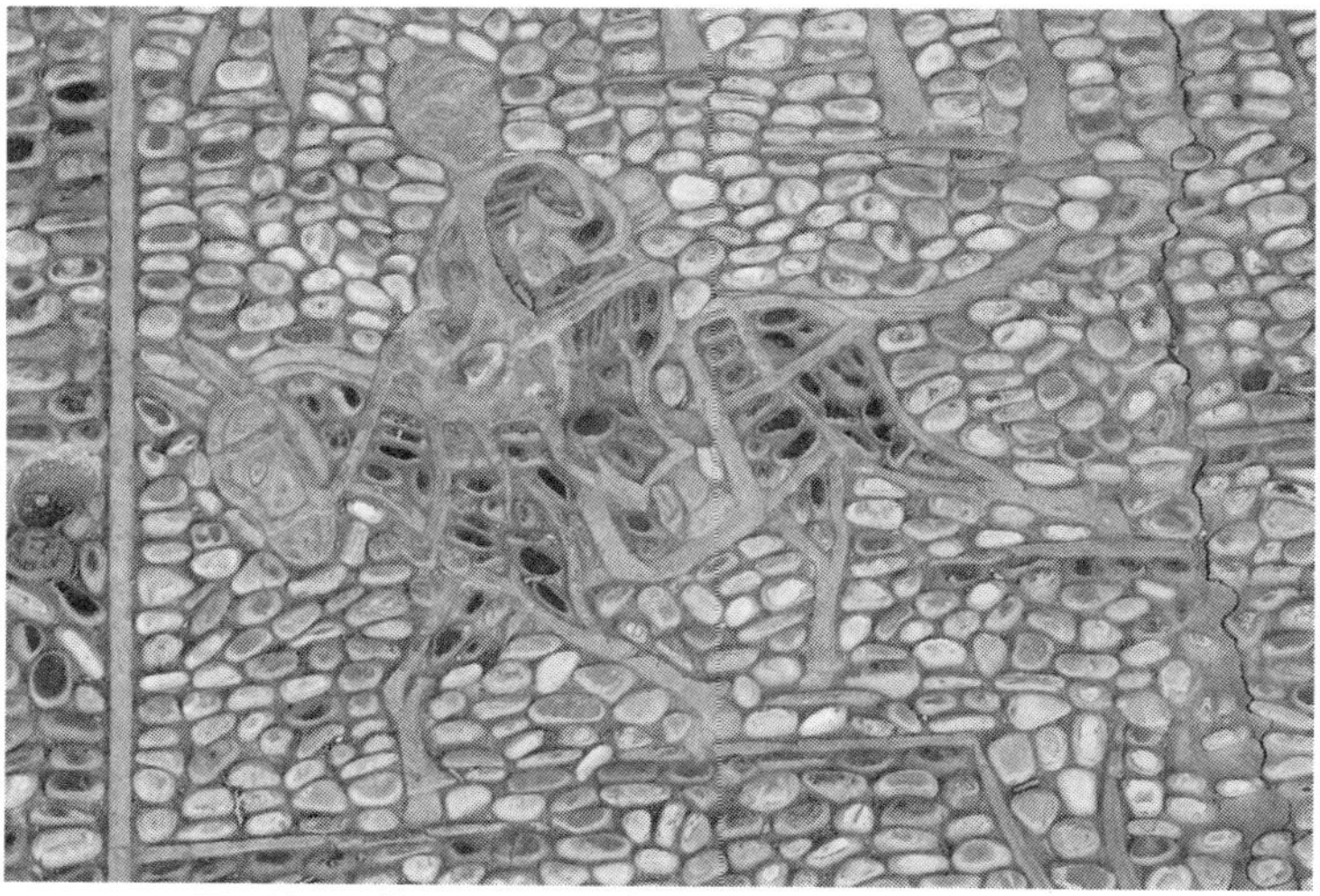

石の絵の一枚目と二枚目（上）と石の絵の四枚目の一部

ことに心の中で怒りはしても、それ以上のことは何もできなかった。

これで全て終わったわけではない。八国連合軍が北京に侵入したとき、西太后は光緒帝など数人のみ連れて西安に逃げ出した。出発の前日、彼女は宦官《かんがん》に命令を下し、珍妃《ちんひ》を前述の井戸に投げて殺してしまった。

光緒帝がそのことを知ったのは、一年後、西安から北京に戻った後だ。しかし時すでに遅く、光緒帝はひそかに泣くことしかできなかった。珍妃の死体は後に井戸から引き上げられ、北京の郊外に埋葬された。

紫禁城観光の人々はよくこの小さな井戸を訪ね、珍妃を偲《しの》ぶが、そのとき一番多い話題は、こんな細い井戸口からどうやって人を投げ込めたのか、ということだ。

6. 角楼《かくろう》の工夫

紫禁城の「裏門」は、小石絵があった庭園の北側にあり、『神武門《しんぶもん》』という。実はもともとこの門の名前は神武門ではなく、『玄武門《げんぶもん》』だったのだ。

玄武とは、中国の古代天文学で分けた北方星座の名前で、道教でいう北方の神である。だから紫禁城の北側の門を玄武門と名づけた。

珍妃井

しかし、清王朝の康煕帝《こうきてい》の名前は玄燁《げんよう》という。昔の習慣では、皇帝の名前に使う漢字は使用を避けなければならなかった。だから康煕帝の時代から玄武門は神武門《しんぶもん》に改められた。

中国文化の中では、このように皇帝の名前に使う漢字を避けるため、言い方や呼び方を変えたケースは多い。「観音」もその一例である。

漢の時代から中国に伝来した仏教の観音菩薩は、もともと「観世音《かんぜおん》」という意訳の名前だった。唐王朝の二代目皇帝太宗《たいそう》の時代に入ったとき、太宗の名前は李世民《りせいみん》であったので、人間や物の名前にあった「世」と「民」の字を別の字に変えなければならなくなった。菩薩ですら例外にはならず、観世音も観音に改められたのだ。

その後、唐太宗時代の終焉に伴って、「世」という字の使用権も「解放」された。しかし人間は呼び慣れたせいなのか、引き続いて観音と呼ぶ人が多かった。結局、今も観世音と観音の二つの呼び方が中国で続いている。

その影響は日本にも及んだ。だから、日本でも観世音と観音の二通りが使われている。

さて、話を神武門に戻そう。

神武門を出て、紫禁城を振り返って見ればすぐわかると思うが、紫禁城の両側の角のところにきれいな建物が立っている。これは『角楼《かくろう》』と呼ばれ、四角形の紫禁城の四つの角すべてに配置されているものだ。

紫禁城の角楼は中国古代建築の傑作だといわれている。天安門や太和殿《たいわでん》のような雄大さはないが、精巧なイメージを与えてくれるのだ。日中、太陽光に照らされた瑠璃《るり》の屋根は金色

紫禁城の外から見た角楼

に輝き、それがバランスよく重なり合った様子は秀麗とでもいうのか、たとえようのない美しさを感じさせる。夜ともなると、今はライトアップされているが、その姿はまた独特な優美で、神秘性を漂わせ、観る人を魅了する。

このように美しい角楼《かくろう》を建てたことについて、伝説が残っている。

明王朝三代目の皇帝永楽帝《えいらくてい》が紫禁城を建てるとき、もともと角楼を建てる計画はなかったそうだ。

ある晩、永楽帝が夢を見た。夢の中、彼はある名前も知らない大きな城を訪ねた。この城の四隅には見たこともないほど大きな角楼が建っており、ぴかぴかと金色の輝きを放つ姿は、とても美しいものに見えた。

永楽帝は羨ましく眺めながら、自分の紫禁城にもあったらいいなあと思い、お供の宦官《かんがん》

に、

「その角楼《かくろう》の梁《はり》、柱と棟の本数を数えよ」

と、命じた。

宦官は急いで角楼に登り、しばらくたつと、あえぎながら戻ってきた。

「も、申し上げます。梁…は、九つ、柱は…十八、む、む、棟は七十二でございます」

それを聞いた永楽帝は、

「こんなに早く帰ってきて、おまえはちゃんと数えたのか」

と、半信半疑で宦官の目を見ながら聞いたものの、宦官の返事も待たず、

「だめだ。わし自ら数えに行こう」

といって、自ら角楼を登って行った。

しかし永楽帝には、目の前の角楼が妙に険しくなったように感じられ、そろそろ二階まで上がろうかというところで、足を踏み外して転んでしまった。

その転んだ痛みで永楽帝は夢から目覚めた。

「夢か……」

永楽帝は、痛むところを探しながら夢のことを一生懸命に思い出す。ところが、ぼんやりとした印象のものが多くて、美しい角楼の姿と、梁は九つ、柱は十八、棟は七十二という言葉だけが鮮明に記憶に残っている。

「そうか、そうか。みな最大の陽数九の倍か。いい数だ。それで行こう」

永楽帝《えいらくてい》は独り言をいい終わって、紫禁城工事の担当大臣を呼び、紫禁城の四隅に九梁《はり》、十八柱、七十二棟の角楼《かくろう》を追加するようにと、命令を下した。

建築知識を持たない大臣は、さっそくその命令を施工責任者に伝えた。

施工責任者は設計士を呼んで、案を練り、模型まで作って永楽帝に呈した。しかし永楽帝が夢の中で見たものとはあまりにも違いすぎたので、否決された。

仕方がなく、設計士はさらに知恵を絞って何度も新たに案を提出したが、どれも認可されなかった。

それだけではない。ついには永楽帝が怒ってしまい、ちゃんとした案を出さないと、工事現場の工匠たちに報酬を出さず、施工責任者と設計士の罪も問う、と、厳しくいわれたのである。

施工責任者も、設計士も、また工事現場の工匠たちも、自分の死活に関わることになってしまったから、ともに悩み、考え始めた。それにしてもいい案は出ない。なぜなら、永楽帝が夢の中でどのような角楼を見たのかは、だれも知らなかったからだ。

みんなが悩んでいる真夏のある日、見習い工匠の一人が市場でキリギリスを売っている老人に出逢った。

この老人は白髪、白眉、白鬚《ひげ》。地面に置いていた荷物を担いで運ぶための天秤棒の上に坐っており、身の回りには高粱《こうりゃん》の茎皮で編んだキリギリスの入った籠をたくさん並べている。キリギリスの鳴き声がそれぞれの籠から飛び出し、まるで老人を音のベールで覆っているかのようだった。

子供たちは籠の周りに集まって、興味津々で見ている。好奇心に惹かれ、見習い工匠も立ち止まって眺め始めた。

籠はさまざまなデザインがあり、どれもこれもみな綺麗だ。

見習い工匠は、中でもひときわ美しさが目立つ籠を一つ見つけ、買おうとした。

「だめだ。これは見本だから、売らない」

と、老人は断った。

売らないといわれて、見習い工匠は残念そうな表情でぼんやりとその籠を眺め、しばらく帰ろうとしなかった。

「そんなに好きなのか。見る目がある奴じゃわい」

老人の声だ。

見習い工匠の目線は籠から老人のほうに移った。

「売りはしないが、それほど好きなら、これをお前にやろうか」

老人はにこにこしながら、意外なことをいった。

「えっ、私にくれるのですか?」

「そうだ。あげよう。ただ、条件が一つある。しばらくこの籠をおまえの工事現場の小屋に置いておくのだ」

「もちろんいいですとも」

見習い工匠は、老人の出した条件を快諾し、感謝のお礼をしてから嬉々としてその籠を工事現場の小屋に持ち帰った。

ちょうどお昼どきだった。

食事後の工匠たちは工事現場の小屋で昼寝をしていた。ところが、見習い工匠が持ち帰った籠のキリギリスが鳴いたため、その声でみなを起こしてしまった。

「何をやっているんだ」

「何をする気だ」

「いたずらもいい加減にしろ」

一瞬にして、見習い工匠はみんなの非難の的となった。

このときになって見習い工匠は初めて、みんなを起こしてしまって悪かったと思った。しかし、わざとやったのではない。こういう気持ちを表わすためにも、何か理由をつけなくてはならない。

「ごめんなさい。いや、別にいたずらのつもりではなかったのです。ただ……、ただこのキリギリスの籠がとても見事なので、もしかしたら九梁《はり》、十八柱、七十二棟の参考になるのではないかと思って持ってきただけなのです」

見習い工匠が謝りながら臨機応変に理由をつけて弁解した。

「いい訳をするな」

「籠を外へ持っていきなさい」

「キリギリスの籠と角楼《かくろう》は何の関係があるんだ」

非難の声は収まらない。しかし見習い工匠の言葉がそこにいた現場責任者の耳に響いた。彼はその籠を手に取り、数え始めた。ちょうど九梁《はり》、十八柱、七十二棟だ。実にきれいにできている。

「みんな静かにしてくれ。おまえ、どこでこの籠を手に入たのだ」

現場責任者は喜びを抑えながら見習い工匠に聞いた。

見習い工匠は経過を一通り話した。それを聴いた現場責任者は、すぐ見習い工匠と一緒に市場に行ったが、あの老人はもうそこにはいなかった。

現場責任者はこの籠を新しい案として永楽帝《えいらくてい》に提出した。永楽帝は大喜びで、夢で見た角楼とそっくりだといい出し、籠の通りに建ててくれ、と、命令を下した。

今の角楼は、そのキリギリスの籠の通りに建てたものだ。

ところが、そのキリギリスの籠を売る老人はだれだったのか、今になっても知られていない。民間では、あの老人は、春秋時代にノコギリを発明した「魯班《ろはん》」という建築業の神様が工匠たちの利益を守るために現れたものだと語り継がれている。

第2章　皇苑故事

1. 万歳山と予言者

紫禁城の「裏門」である神武門《しんぶもん》の外側には一つ山がある。今は「景山《けいざん》」という。

この山は、海抜でいうと約九〇メートルほどの高さがあるが、地面から計算すると四五メートルくらいの高さしかない。

一般的にいうと、山の「年齢」は地殻の変動に関係があり、数万年や数億年単位であろう。ところが、紫禁城の後ろにあるこの景山という山は、ほんの「八〇〇歳余り」の「若い」山だ。というのは、この山がもともと天然のものではなく、人工的なものであるからだ。

一一五三年、中国南方の南宋王朝と共存していた北方の金王朝の皇帝完顔亮《かんがんりよう》は、今の黒龍江省《こうしよう》にあった当時の首都を火で燃やし、北京を新しい首都とした。一方、北京にとって、この年は北京が歴史上初めて一国の首都となった年だ。

その一〇年後、金世宗完顔雍《きんせいそうかんがんよう》の時代、今の景山の隣に大寧宮《だいねいきゆう》という行宮《あんぐう》（つまり皇帝行幸の仮の宮居）を建て、人工の湖を掘り、掘った土や泥を景山のところに山のように積み上げた。景山《けいざん》の誕生である。

元王朝の時代に入ると、宮城《きゅうじょう》の位置は今の紫禁城とほぼ重なっている。そのとき、景山あたりは皇苑となった。この「山」の上に、延春閣《えんしゅんかく》という大きな建物が建てられ、宮廷の宴会や宗教の儀式などがここで行われた。また、延春閣の周りにも花草と樹木を植えたり、あずまやを建てたりして、山らしくなった。

明王朝の永楽帝《えいらくてい》が紫禁城を建てたとき、元王朝の風水を封じるため、旧城の瓦礫《がれき》や紫禁城周囲の堀から掘り出した土砂などをわざわざ延春閣旧址に積み上げた。そのため、景山は「急成長」をし、一気に今の高さになった。

明王朝の時代、この人工的な山は『万歳山《ばんざいさん》』と名づけられた。また、前王朝の風水を封じる意味で『鎮山《ちんざん》』とも呼ばれた。

ところがそうした願いは叶わず、明王朝は「万歳」までは続かなかった。「鎮山」は、前王朝の風水を確かに抑えはしたが、農民の反乱を鎮めることには効かなかった。結局、農民反乱軍が紫禁城まで占領し、明王朝が滅んだ。

清王朝になって、万歳山は『景山』という名前に変えられ、今に至った。

清王朝は、明王朝のように景山をさらに高く積み上げることはしなかった。しかし前王朝の風水を鎮めないわけではない。もっと賢い方法を使っただけだ。乾隆帝《けんりゅうてい》の時代、景山の山頂にあずまやを五つ建て、それぞれ中に銅の仏像を安置した。俗に「五鎮《ごちん》」という。

あずまやには、鎮める意味のほかに景観上の効果もあり、一石二鳥だった。

さらに、あずまやの中に仏を「坐らせる」と、何もないがらんとした寂しさがなくなるだけではなく、仏の力を借りてなお一層鎮める効果を高められる。実に巧妙な考えだ。五つのあずまやに置かれた都合五体の仏像は「五方仏《ごほうぶつ》」という。東、西、南、北および中央の五つの方位を表し、仏教の密宗から由来した仏である。残念ながら、一〇〇年前の一九〇〇年、五体のうちの四体は八国連合軍に「拉致」され、唯一残った一体も「怪我」させられた。

この怪我しながらも残った一体も、中国の「文化大革命」のときに再度不運に遭い、壊されてしまった。今、観光者が景山《けいざん》『万春亭《まんしゅんてい》』の中で見ることができるものは、一九九九年に再び鋳《い》たものである。

五つのあずまやの中で、真ん中の『万春亭』がもっとも高くて大きい。現代の高層建築を除けば、この万春亭が北京の最高点となっている。だから、万春亭から北京を見下ろすことも北京観光の楽しみの一つである。

景山のいちばん東側のあずまやは『観妙亭《かんみようてい》』という。かつて、ここからは本当に奇妙なものが見えたかもしれない。

その奇妙なものとは、一株の古いエンジュの木である。明王朝最後の皇帝思宗《しそう》（日本では毅宗崇禎帝ともいわれる）がこの木を選んで首吊り自殺したのである。

思宗皇帝の体の重さに耐えた古いエンジュの木は、現在ではもう存在しない。そこに残ったのは記念の碑と後で植えたエンジュの木だけだ。しかし思宗《しそう》皇帝の自殺にまつわる伝説は、いまだに言い伝えられている。

その伝説によると、永楽帝《えいらくてい》は、明王朝の首都を南京から北京に移したときに、彼のもっとも信頼していた策士劉伯温《りゅうはくおん》から大事なことを二つ授けられた。永楽帝は教えられたとおり、次のように手配した。

一つは、紫禁城内に「宝蔵庫《ほうぞうこ》」という一室を設けた。たとえどの皇帝の代であれ、どの人も、どんな事情があっても、決してこの部屋を開けてはならないといい残した。

もう一つは、景山《けいざん》の北側つまり紫禁城と反対の側に屋敷を建て、将軍一人、軍馬二匹、精鋭兵士三〇〇人を常時駐在させた。毎日訓練させ、どの皇帝の代も決して撤去を許さないという遺言も残した。

この規則は、永楽帝が立てて以来、二〇〇年ほど守られた。

思宗皇帝崇禎《すうてい》の代に入ると、連年、自然災害や各地の反乱による戦乱が多くなった。思宗皇帝はやむを得ず、景山の北側で長年待機している将軍と兵士を戦場に送り、財政の危機を乗り越えるために紫禁城内の「宝蔵庫」をも開けた。

「宝蔵庫」の中には期待された財宝はなかった。空っぽの部屋の中にたった一つだけ、小さな木製の箱が置いてあった。

その箱を開けて見ると、中には三枚の絵があった。

一枚は、青い顔で赤い鬚《ひげ》の怪物が描かれていた。怪物は左手に太陽、右手に月を持っており、どこかへ出かけようとしている。

もう一枚には、大きな川が描かれ、川には「通天河《つうてんか》」という三文字が書かれていた。一人の娘が川岸に跪《ひざまず》き、両手に二本の針と一本の糸を持って泣いている。

三枚目はにぎやかだ。真ん中に城の門が描かれ、その門の中には馬が描かれている。城の壁には一八人の子供が逆さまの姿で城を登っている。城の上には一株のスモモの木があり、木にはスモモが一つだけ実っている。それに、スモモには人間の目が一つついていた。

思宗《しそう》はどの絵を見ても、さっぱり意味がわからない。その絵を官僚たちにも見せたが、まともな解釈を得なかった。最後に、金聖嘆《きんせいたん》という博学者が、やっと絵に隠された真意を解明した。

三枚の絵はいずれも予言の絵である。

一枚目は明王朝が滅びることを予言した。

太陽は「日」、日の右に「月」を加えると「明」という字になる。つまり、明王朝はまもなく怪物に取られるということだ。

二枚目は明王朝の滅びに当たる皇帝を予言した。

通天河という大きな川は「天国に行ってしまう川」で、道の突き当たりを意味する。娘が持っている二本の針は「重なる針」と解釈され、「重」と「針」の中国語の発音が思宗皇帝の年号「崇禎《すうてい》」と同じだ。また、糸は中国語でいうと「線《シエン》」になり、限界の「限《シエン》」の発音と同じである。

つまり、崇禎《すうてい》の代で限界となり、王朝が滅びるという悲劇がやってくる。

三枚目は明王朝を滅ぼす人物を予言した。

スモモは中国語で「李子《リズ》」という。「十八」人の「子」供も「李」だ。なぜならば、「李」を分解すると「十」「八」「子」になるからだ。逆さまに城を登るのは「反乱」の意味で、「門」の中に「馬」があると「闖《ちん》」の字になる。つまり、「李闖王《りちんおう》」と呼ばれる当時の農民蜂起軍のリーダー李自成《りじせい》が明王朝を滅ぼす人物だ。

さらに、スモモの中に一つだけ人間の目があるというのは、李闖王が「独眼竜」だということを暗示している。

二〇〇年前の予言者が残した絵は的中したようだ。歴史は金聖嘆《きんせいたん》が解釈したとおりに進んでいる。

李闖王が率いた農民蜂起軍は北京を攻め落とし、李闖王自らが紫禁城の主人になった。その直前、窮地に陥った思宗《しそう》が紫禁城から逃げ出し、景山《けいざん》を登った。このときの思宗は、きっと景山の北側で将軍、軍馬、精鋭兵士を長年待機させる意図を理解したのであろう。しかし残念ながら、もう遅かった。

思宗は前述した古いエンジュの木を選んで、首を吊って自ら命を絶った。死んだとき、恥ずかしくて先祖に会わせる顔がないと思ったのか、彼は頭上にまとめた長い髪を解き、顔を隠したそうだ。

この年は一六四四年。明王朝が滅亡し、清王朝が中国支配を始めた年である。

現在、この伝説の真偽を追求する人より、むしろこの伝説を伝える人のほうが多い。だから、景山《けいざん》公園へ観光に行く人たちは、必ずといってよいほどその古いエンジュの木を訪ねて行く。

2. 無塩の海

天安門の隣も、紫禁城の隣も、また紫禁城の後ろにあった景山の隣も、海がある。天安門と紫禁城の隣にはそれぞれ「南海《なんかい》」と「中海《ちゅうかい》」(今は二つをまとめて「中南海《ちゅうなんかい》」という)があり、景山の隣の海は中南海の北に位置しているので、「北海《ほっかい》」と呼ばれる。ところが海とはいえ、その水には塩分がない。無塩の海、つまり湖だ。しかも人工的な湖である。

なぜ宮殿の隣に湖を掘り、海という名前をつけたのか。それは中国古代の神話と関係がある。古代神話によると、中国東側の海中には底が見えないほどの極めて深いところがあり、世の中の海水も川水もみな、そこに流れていく。そこにはまた、三つの神山があり、それぞれ蓬萊《ほうらい》、方丈《ほうじょう》、瀛洲《えいしゅう》という。神山の中には仙人が住んでおり、不老不死の仙薬を持っているそうだ。

不老不死を望んでいた秦の始皇帝がその話を聞いた。彼は徐福《じょふく》を派遣し、仙薬を探させた。徐福は三〇〇〇人の童男と童女を連れて、船で旅に出たが、ついに戻らなかった。

言い伝えでは、徐福の一行は仙薬が見つからないまま日本に着き、日本に定住したという。さらに、どの程度の信憑性を持つかわからないが、この伝説を裏付けるかのように、日本の和歌山県の新宮市には、徐福の墓が残っている。

ちなみに、始皇帝時代のことだから、紀元前二二〇年前後のことである。日本の歴史でいえば、弥生時代の初期に当たる。

秦の始皇帝だけではなく、漢の武帝《ぶてい》も不老長寿を願っていた。ところが、彼のやり方は始皇帝と違った。

漢武帝《かんぶてい》は、自分の皇苑に大きな池を掘り、池の中に「山」を三つ積み上げ、それぞれ神山蓬萊《ほうらい》、方丈《ほうじょう》と瀛洲《えいしゅう》のたとえとした。つまり彼は、自分が仙境に住んでいるつもりで、敢えて神山を自分の庭に「運んできた」のだ。

その後、歴代の皇帝は漢武帝のこのやり方を大そう気に入り、それが皇苑建設の「定番」になるほどだった。

紫禁城の隣もそうだ。仙境の神山蓬萊、方丈と瀛洲に当たる三つの「山」はそれぞれ北海《ほっかい》の中の『瓊島《けいとう》』、『団城《だんじょう》』と中南海《ちゅうなんかい》の『瀛台《えいだい》』である。神山はもともと海の中にあったので、『瓊島』、『団城』と『瀛台』の周りの水域は当然のように「海」と名づけた。

現在、中南海は観光客にはほとんど開放されていないが、景山《けいざん》の隣の北海だけが公園とな

北海公園の「五虎杆」

り、北京観光の名所の一つになっている。

この北海《ほっかい》公園の中には、秀麗な景色だけではなく、観光者の好奇心を惹く名物名所も多い。『五虎杆《ごこかん》』はその一つだ。

棒の役割

北海公園の中でも象徴的なものは、瓊島《けいとう》に建てられた白塔である。

この白塔はラマ教の塔だ。あるチベットラマの提案に基づき、一六五一年つまり清王朝初期の順治帝《じゅんちてい》時代に建てられた。その後、二度も地震で破壊され、今の姿は雍正帝《ようせいてい》時代の一七三三年に再建されたものである。

なぜ清王朝の皇帝が自分の皇苑にラマ教の塔を建てるのかと、疑問に思う人がいらっしゃるかもしれない。実は、皇帝が元から信仰していたものなのか、それとも政治的配慮によるのかは判らないが、清王朝はラマ教を国教として決めたのだ。だから、北京あたりでは、ラマ教関係の場所は少なくない。

さて、話は白塔に戻るが、塔の周りには、赤色の高い棒が五本立っている。まるで美しい景色の中に電信柱が立っているかのようで、白塔の写真をきれいに取りたいと思う観光者にとっては目障りな存在である。

実は、この五本の棒は数百年前からそこに立っていた。一九五〇年代、一度撤去されたが、一九九〇年代に入って観光者に見せるためにと、また元の位置に戻されたのである。

この五本の高い棒は『五虎杆《ごこかん》』と呼ばれ、かつては、北京防衛システムの一環として大変重要な役割を持っていた。

昔のことだから、電話もファックスもない。五虎杆の下には、つねに守備の兵士が待機していた。緊急事態があった場合、昼なら棒に旗を揚げ、夜ならランプを上げた。

旗とランプは、それぞれ五つの色を用意しており、五行に対応して青が東、白が西、赤が南、黒が北、黄色が真ん中を表した。

敵がきた場合、皇帝の命令または守備士官の緊急判断によって、守備の兵士がまず連絡用の号砲を発射する。それと同時に、もし東から敵がくると、昼は青旗を揚げ、夜は青のランプをあげる。逆に西から敵がくると、昼は白旗を揚げ、夜は白のランプをあげる。東西南北の四面から敵がきたら、青、白、赤と黒の旗またはランプを全部あげ、城内の異変があった場合は黄色い旗またはランプをあげるのだ。

白塔のところだけではまだ十分ではないため、当時は北京内城の全ての城門に号砲、五虎杆、五色の旗とランプを用意していた。どこか一ヵ所で号砲が発射されると、他のところでも号砲を発射して応答する。同時に、最初の号砲を発射したところがあげた旗やランプと同じ色のものをあげたのである。

昼に揚げる旗は『竜旗《りゅうき》』という。

一般に、『竜旗』という言葉には二つの意味がある。一つは竜の模様を描いた旗の意味であり、もう一つは風の中で竜の姿のように動く旗、つまり長くて幅が短い旗の意味だ。五虎《ごこ》杆《かん》に使われた竜旗は、遠くから見て判別できる、ということを目的としたものだから、後者のケースだと考えられる。

とはいえ、まだ疑問が一つ残っている。

竜旗を揚げるのに、なぜ虎と名づけていたのか、という問題だ。

つまり、五本の高い棒に揚げる旗は五色で、竜旗という。ならば、なぜ「五色杆《ごしょくかん》」または「五竜杆《ごりゅうかん》」と呼ばず、五虎杆と呼ぶのであろうか。

その由来については、一つの伝説がある。

明王朝の永楽帝《えいらくてい》が皇帝になる前、燕王《えんおう》として、北方の元王朝の軍隊と戦っていた。当時、彼のもとに、「五虎将《ごこしょう》」と呼ばれる五人の勇将がいた。五人兄弟である。名前はそれぞれ火仁《かじん》、火義《かぎ》、火礼《かれい》、火智《かち》、火信《かしん》という。五人は戦闘で勇敢に闘うだけではなく、知恵も優れていた。巨大な砲を創り出し、元王朝の軍隊を大敗させたこともある功労者たちだ。

しかし永楽帝は皇帝に即位すると、智勇兼ね備える五人兄弟に反乱の恐れを抱き、五人を南側の内城宣武門《せんぶもん》のところへ誘《おび》き寄せ、殺してしまった。その後、部下たちの不満を静めるため、宣武門に五人の墓を建て、さらに民間の習慣に随《したが》って五本の高い棒を立てて招魂の幡《はた》を揚げた。また、五人兄弟は火という苗字だったので、立てた棒も火の色を表わす赤色にしたのだ。

このように、そもそもは五虎将の魂を招く幡を揚げるための棒だったから、五虎杆《ごこかん》と呼ばれたのだ。

そして後になって、五虎杆を防衛システム上の連絡手段として利用することが考案されたため、内城の各門と北海《ほっかい》の白塔のところにも設置し、名前も五虎杆のまま使っていたそうだ。

長寿志願の遺物

白塔北側の山の中腹には石の台があり、周りは石の欄干に囲まれている。台の真ん中に、「漢白玉《かんはくぎょく》」という大理石よりややきめの粗い白色岩石の柱が立っており、柱の表面には竜の模様が刻まれている。

柱の上には、銅で作った「仙人」が立っている。仙人は古代の服装をし、両手で蓮の花模様の銅盤を持ち上げている。

これは『仙人承露盤《せんにんしょうろばん》』という。

なぜ仙人はこういう疲れる格好をしているのだろう。それを知るためには、漢武帝《かんぶてい》の時代に遡らなければならない。

漢武帝《かんぶてい》は、「仙露《せんろ》」を飲めば陰気が止められ、陽気が伸び、不老長寿になれるという話を聞いた。仙露とは、仙人が集めた露のことだ。

ただの露なら、朝晩集めようとすればできないことはない。ただ仙露となると、肝心の仙人にはなかなか出会うことができないから、どうしようもない。そこで、不老不死を望んでいる漢武帝は命令を下し、銅で「仙人」を鋳《い》させた。

出来上がったのは、両手で蓮の花模様の銅盤を持ち上げている格好の銅人形であり、仙人《せんにん》承露盤《しょうろばん》と名づけられた。

仙人承露盤は、当時の首都長安、つまり現在の西安あたりに建てた宮殿『建章宮《けんしょうきゅう》』に置かれた。それに、漢武帝は本当にこの仙人の頭上の銅盤に貯めた露を飲んだそうだ。ただ水のようにそのまま飲むのではなく、名物玉《ぎょく》の「藍田玉《らんでんぎょく》」と「和田玉《わでんぎょく》」の粉を混ぜて飲んだのだ。この「飲料」には名前もある。『仙露玉屑飲《せんろぎょくせついん》』という。

とはいえ漢武帝は、実際には七〇歳を祝う古稀まで生きられず、六九歳で亡くなった。不老不死が実現しなかった原因は、飲んでいた仙露の量が足りなかったのだろうか。いや、もしかして、銅の仙人は本当の仙人ではなかったので、集めた仙露が効かなかったのかもしれない。

さて、『三国志』の時代に入ると、曹操《そうそう》の孫にあたる魏明帝曹叡《ぎめいていそうえい》は、仙人承露盤を長安から魏の首都洛陽に運ぶよう命じた。しかし、仙人承露盤が重くて運べなかったのか、それとも仙人が洛陽に行きたがらなかったのか、結局は洛陽に運ばれなかった。

元王朝の時代、仙人承露盤《せんにんしょうろばん》の存在が元世祖フビライに知られ、それを首都である北京まで運んできて、今の瓊島《けいとう》の東側に置いた。

前述の、寝殿で危うく殺されそうになった明王朝の世宗《せいそう》皇帝も仙道を信じる皇帝の一人である。彼は、仙人承露盤を置く方角にこだわり、わざわざ今のところに移したそうである。

今、たとえ長生きしたくても、あえて仙人承露盤に貯めた露を飲もうとする人は恐らくいないと思う。しかしかつての帝王たちが夢中になって作らせたり、遠く離れたところから運んでくるなど、神秘的な色彩を持つこの露盤《ろばん》を一度でいいから自分の目で確かめたいという人が多いため、わざわざ瓊島へ訪ねていく人も少なくない。

書の保管法

北海《ほっかい》の瓊島にはもう一つ珍しいものを置いているところがある。『閲古楼《えつころう》』という。二階建ての楼であるが、中には四九五枚もの書道の石刻が壁に嵌め込んであり、書道愛好者が必ずといっていいほど訪ねるところだ。

中国も日本も、漢字を使っている国である。使用する漢字の数が多いだけではなく、漢字の書体もいろいろある。

漢字の最も古い書体は、動物の骨に刻んだ甲骨《こうこつ》文字と古代青銅器の銘文に使った金文だ。その後、次第に「八体」といわれる大篆《てん》、小篆《てん》、隷書、楷書、章草、行書、草書および飛白書という書体が創り出され、多彩となっていった。

同じ料理を作ったとしても、味はどうか、という問題があるのと同様、同じ書体で書いても、上手下手がある。そこで生み出されたのが、書道という漢字を漢字らしく書く芸術であろう。

清王朝の乾隆帝《けんりゅうてい》は有名な皇帝、有名な政治家であっただけではなく、書道の腕前もすばらしかった。そのためか、乾隆帝は歴代の書道名人の作品に興味を示し、積極的に集めていた。その中でも、とりわけ乾隆帝を喜ばせたのは、三国に次ぐ晋王朝の大書道家王羲之《おうぎし》の『快雪時晴帖《かいせつじせいちょう》』、王献之《おうけんし》の『中秋帖』および王珣《おうしゅん》の『伯遠帖《はくえんちょう》』という書道の珍品を手に入れたことである。

彼は、紫禁城にある自分の寝殿『養心殿《ようしんでん》』にわざわざ一室を設け、三人の書を収蔵し、部屋を『三希堂《さんきどう》』と名づけ、さらに自ら「三希堂」と三文字の横額を書いて室内にかけた。

それだけでは終わっていない。乾隆帝は命令を下し、前述した三作品を含め、三国の魏から明王朝が終わるまでの約一四〇〇年間における一三五人の著名書道家の書道作品三四〇点を集め、『三希堂法帖《さんきどうほうちょう》』という書道の本を編集した。この本は全部で三二巻あり、字数は累計一〇万字余りにのぼった。

これで一件落着かというと、そうではない。本はいずれなくなる可能性があるから、しっかり後世まで残るようにと、乾隆帝はさらに命令を加え、『三希堂法帖』の全作品の石刻を作らせた。

出来上がった石刻は全部で四九五枚もある。

ところが、石刻とはいえ、その一部でもだれかに持ち出される可能性が残っている。そこで簡単に運んだり移動したりできないように、乾隆帝《けんりゅうてい》はこの四九五枚の石刻を全部閲古楼《えっころう》の壁に嵌め込んだのだ。

乾隆帝のやり方は実にすばらしかった。乾隆帝から二〇〇年後の現在、『三希堂法帖《さんきどうほうちょう》』のほうはすでに不ぞろいとなっているが、『三希堂法帖』の石刻だけはちゃんと残っている。骨董品収蔵家にとって、この石刻は真偽を見分ける参考となっており、書道愛好者にとっては得がたい教材なのである。

名物の長旅

瓊島《けいとう》の南、一本の橋でつながっているのは『団城《だんじょう》』である。団城はかつては北海《ほっかい》中の神山の一つとして陸と離れていたが、今は陸とつながっている。

団城の上には『承光殿《しょうこうでん》』というきれいな八角形の建物があり、中に白色の玉《ぎょく》一つで彫った一・六メートルの高さの仏像が飾ってある。この仏像は「白玉仏《はくぎょくぶつ》」と呼ばれ、もともと北京から万里ほど離れたところに置かれていた。もともとの「国籍」も、中国ではなかった。

清王朝の西太后が中国を統治した時代、北京郊外のとある関羽廟《かんうびょう》に、明寛《めいかん》という仏教の経典に詳しい僧侶がいた。彼は何かわけがあって、自分が生活している廟を西太后が信頼している宦官《かんがん》李蓮英《りれんえい》に売ってしまった。

彼は泊まるところがなくなったので、霊輝《れいき》という兄弟弟子が住持している北京市内の伏魔《ふくま》庵《あん》に身を寄せた。そこで智然《ちねん》という広東省《かんとんしょう》から来た僧侶と知り合って、智然の誘いを受け、一緒に東南アジアへ旅に出た。

東南アジアで、明寛《めいかん》は仏教の経典に詳しいことも一因となり、中国からきた僧侶として各地の寺で尊重され、いろいろなお土産をもらった。ミャンマーに行ったとき、ミャンマーの僧侶から、前述の「白玉仏《はくぎょくぶつ》」とほかにもう一体小さな白玉仏をもらった。

北京に帰るとき、明寛は悩んだ。荷物も多いし、帰る道も遠い。特にこの白玉仏が途中で強奪されたり、各地の検問所で没収されたりするようなことがあってはもったいない。

思案の末、彼は自分の荷物に黄色い旗を立て、上に「奉旨請仏《ほうしせいぶつ》」の四文字を書いた。つまり、「聖旨《せいし》（皇帝または西太后の命令）を受けて仏像を運ぶ」という意味だ。実に妙案である。おかげで、彼は無事に白玉仏を含む全部の荷物を北京に持ち帰ることができた。

持ち帰った白玉仏は最初、兄弟弟子の霊輝《れいき》が住持している伏魔庵《ふくまあん》に飾った。珍しくてきれいな仏像だから、あっという間に北京の話題となり、見に行く人も多かった。当然、仏像を遠方から運んできたということまで話題になっていた。次第に、明寛が「奉旨請仏」という字を書いた旗を荷物に立てたことも世間にばれ始めた。

封建社会では、聖旨を受けていないのに「奉旨」を自称することは、死刑に値する詐欺罪である。西太后の時代も同じだ。

まさかばれるとは思っていなかった明寛も事態に危機感を覚え始めた。正義のためであれ、嫉妬のためであれ、たとえ誰か一人でもこのことを役所に告発したならば、自分の命は危ない。だから、早めに何か手を打たなければならないのだ。

明寛《めいかん》は自分の関羽廟《かんうびょう》を買い取った宦官《かんがん》李蓮英《りれんえい》を思い出した。彼は西太后に信頼されているから、彼を通して西太后に陳情すれば、処罰から逃れるかもしれない。

そこで、明寛は手厚い贈り物を用意して李蓮英を訪ね、事情のいきさつを説明し、大きいほうの白玉仏《はくぎょくぶつ》を西太后に捧げるから罪を追求しないようお願いをした。

頼まれた李蓮英がこの件を西太后に話したそうだ。

西太后は、「奉旨請仏《ほうしせいぶつ》」の旗が、ちょうど自分の菩薩を信じるやさしい心を世間に宣伝するのに都合がよい上、珍しい白玉仏をただでもらえるというウマイ話もあったため、明寛を容赦した。

後に、大きいほうの白玉仏は、西太后の指示に随って団城《だんじょう》の承光殿《しょうこうでん》に運ばれ、現在に至るまでそこに「定住」している。一九〇〇年、北京を占領した八国連合軍に「拉致」される危険に一度遭ったものの、左肩が「負傷」した程度だけですんだ。だから、その白玉仏の左肩には今も刀の傷跡が残っている。

この白玉仏は小乗仏教の仏像だといわれている。仏像のことに詳しい人はきっと一層の興味を持って鑑賞するに違いない。

白玉仏が「住んでいる」承光殿の前に、『玉瓮亭《ぎょくおうてい》』という小さな建物があり、中には「瀆《とく》山大玉海《さんだいぎょくかい》」と呼ばれる三五〇〇キログラムほどの重さの珍しいものが置いてある。その由来は元王朝のフビライまでさかのぼる。

四川省の西部に、「瀆山《とくさん》」と呼ばれる山があり、硬質で黒色の玉《ぎょく》の産地だった。元の世祖フビライがこの辺を征服したとき、巨大な玉の素材を手に入れた。

フビライはこれを首都北京に運び、工匠に甕《かめ》の形に彫らせ、巨大な酒を盛る容器として使った。この玉の甕は、大きいため酒を容れる量も多く、まるで海みたいだと喩えられたので、瀆山大玉海《とくさんだいぎょくかい》という呼び名をもらった。

元王朝の時代、瓊島《けいとう》の白塔のところには『広寒殿《こうかんでん》』という宮殿があった。瀆山大玉海はこの宮殿に置かれていた。フビライは広寒殿で宴会を開くたび、百官と一緒にこの瀆山大玉海からよそった酒を飲んだそうだ。

元王朝が滅んだ後、引き継いだ明王朝も瀆山大玉海をそのまま広寒殿に置いた。しかし、明王朝の末期、広寒殿は廃墟に化け、瀆山大玉海も埃《ほこり》をかぶる格好となってしまった。結局、普通の石甕《いしかめ》のように扱われ、宦官《かんがん》が皇苑外に運び出してしまったのだ。

瀆山大玉海はその後転々として、真武廟《しんぶびょう》という道教の寺院に落ち着いた。そこの道士は宝を見る目がないようで、瀆山大玉海を漬物作りの容器に使った。

清王朝に入ってから、この甕の行方が乾隆帝《けんりゅうてい》の耳に入った。乾隆帝は一〇〇〇両の銀を出して買い取り、「玉瓮《ぎょくおう》」と名づけて団城《だんじょう》に運び、玉の工匠を呼んで面目を一新させた。

玉瓮には、瀆山大玉海という呼び方にちなんで外壁には海の模様を彫り、波涛の中には竜や海獣なども彫刻した。玉瓮の内面には、乾隆帝がこの玉瓮のためにわざわざ作った「御製《ごせい》玉瓮歌《ぎょくおうか》」という漢詩とその注釈を彫っている。

乾隆帝《けんりゅうてい》はかなり玉瓮《ぎょくおう》を偏愛していたのであろう。今、玉瓮が置いてある『玉瓮亭《ぎょくおうてい》』も、この玉瓮を中に納めるために乾隆帝がわざわざ建てさせたものだ。それだけに止まらず、乾隆帝はまた博学の学士四〇人に漢詩や文章を書かせ、それを玉瓮亭の石柱に刻み、自分がさらに漢詩を四つ作って、それぞれ玉瓮亭の四面に刻ませた。

木の爵位

皇帝の政務のほかに、書を書いたり、漢詩を作ったり、珍品を集めたりなどなど、一代名君の乾隆帝は相当に幅広い趣味を持っていたようだ。趣味の幅の広さのせいか、植物に爵位や官位を与えることもあった。

玉瓮亭とさほど離れていないが、承光殿《しょうこうでん》の東側に高さが二〇メートルもある松がある。この松の「年齢」は一〇〇〇歳ほどあり、枝が傘の形となっている。

言い伝えによると、ある年の夏、乾隆帝は正午頃に団城《だんじょう》に行った。室内は熱かったため、乾隆帝がこの松の下に坐ったのだ。すると、さわやかな風がそよぎ、あっという間に暑さを忘れるほどいい気持ちになっていた。

乾隆帝は、心地よさをもたらしてくれた松を仰向けになって眺めると、妙に奇想が湧き、その場で、この大きなパラソルみたいな木を「遮蔭侯《しゃいんこう》」と命名した。

爵位まで与えられた遮蔭侯を「一人」でそこに立たせるのは寂しいと思ったのだろう。乾隆帝は、その側に立っている三〇メートルほどの高さの「白皮松《はくひしょう》」という白い樹幹の松にも「白袍将軍《はくほうしょうぐん》」の官位を授与した。

山東省の泰山には、かつて秦の始皇帝から「五大夫《ごたいふ》」という官爵を授けられた松があったそうだ。「大夫《たいふ》」は、今の中国語でいうならお医者さんの意味であるが、当時は官位の一つだった。位としては閣僚ほどの高いランクである。

当時の始皇帝が泰山を登って「封禅《ふうぜん》」という天地祭祀の行事に行ったとき、途中で雨に遭い、松の木の下で雨宿りをした。そこで始皇帝はその松を「五大夫」と名づけた。ただ、一本の松に「五大夫」という官位を与えたのか、それとも五株の松にそれぞれ「大夫」という官位を与えたからまとめて「五大夫」となったのかは、今となってはわからないが。

二〇〇〇年以上も経った今では、当時の松はすでになくなっている。今そこに生えている松は後の人が補塡して植えたものだ。面白いのは、後で植えた「五大夫」という松は何と、一株でもなく、五株でもなく、その両方の平均をとった三本だった。

いずれにせよ。植物に官爵を与えたのは乾隆帝《けんりゅうてい》が始めたことではないのは確かである。いい換えると、乾隆帝は始皇帝を真似て松に「遮蔭侯《しゃいんこう》」と「白袍将軍」と名づけたのかもしれない。まあ、爵位であれ、官位であれ、どうせ相手は植物だから、いかに官位を与えても国庫から余計に給料を出す必要もないし、つい気ままに授与したことも考えられる。

実は、乾隆帝が官爵を与えた松は、団城《だんじょう》の西側にもう一本あった。

その松はかつて斜め向きの形で生き、枝も樹幹の一部も団城の城壁からはみ出し、北海《ほっかい》の水面を俯瞰《ふかん》する姿となっていた。その松に、乾隆帝《けんりゅうてい》は「探海侯《たんかいこう》」という官爵を授けた。

残念ながら、探海侯は遮蔭侯《しゃいんこう》と白袍将軍《はくほうしょうぐん》のように今まで長生きすることはできなかった。ずっと横倒しの姿だから「過労死」かもしれない。現在、観光のためか、それとも探海侯を偲ぶためか、探海侯が生きていたところに、代わりとしてもう一本斜め向きの松が植えられている。

3. 世界遺産の言い伝え

一九九八年、清王朝の皇苑が初めてユネスコの世界遺産に登録された。この皇苑は北京郊外の『頤和園《いわえん》』である。

頤和園の旧名は「清漪園《せいいいえん》」という。乾隆帝《けんりゅうてい》の手で作り上げたものだ。大義名分は「親孝行」である。というのは、母親の六〇歳の還暦祝いのため、乾隆帝がこの皇苑を建てた。古今東西、母親へのもっとも豪華な誕生日プレゼントかもしれない。

一八六〇年、乾隆帝の曾孫、西太后の夫君である咸豊帝《かんぽうてい》の時代、この皇苑は英仏連合軍に略奪破壊され、焼き払われた。

その二六年後、西太后はここを自分の「定年退職」後の居場所に使うため一〇年かけて再

建し、名前も清漪園《せいいえん》から頤和園《いわえん》に改めた。ただ、西太后の晩年、彼女は確かによく頤和園で暮らしていたが、「定年退職」は死ぬまでしなかった。

頤和園の中には、山あり湖あり、樹木あり石橋あり、絵画あり怪石あり、楼閣あり仏殿あり、奇観も珍品もあるのだ。一度観賞すると、忘れられないほど大変な目の保養になる。そのほかに、この皇苑にまつわる故事伝説もいろいろ残っている。

皇苑中の墓

言い伝えによると、頤和園のある場所は、もともと高さ六〇メートルほどの山しかなかった。山頂にはぼろぼろの寺が一つあり、年配の坊さんが一人で住んでいた。この坊さんはただの坊さんではな

頤和園の山と水

く、財宝を司る神様が変装したものだといわれ、いつも石で作った甕《かめ》を持っている。甕の中は財宝ばかりを詰めているそうだ。

時期は、元王朝のジンギスカンが北京に入ったときのことだ。

ある日、狩のため、ジンギスカンと宰相の耶律楚材《やりつそざい》がこのぼろ寺にやってきた。

洞察力が優れている耶律楚材は、坊さんが持っている石甕《いしがめ》に気づき、元王朝の財源に使うため求めようとしたが、坊さんは何と、その石甕を抱いて、山から飛び降りてしまった。

そのとき、大きな爆発音に伴って、坊さんと石甕が消え、石甕の中の財宝が湖に化けた。そのため、この山が後に「瓮山《おうさん》」と呼ばれ、財宝から化けた湖が「瓮山泊《おうさんはく》」と呼ばれていた。

耶律楚材《やりつそざい》はすっかりこの瓮山《おうさん》と瓮山泊が気に入ったようだ。彼は、死後瓮山泊の側に埋葬させてもらうよう、当時の皇帝元太宗《たいそう》オゴダイ＝ハンにお願いした。宝の湖を見守るつもりだったのであろう。

耶律楚材は元王朝の有名な宰相である。彼の願いは叶った。

ただ瓮山泊の側に埋葬されただけではない。彼は後世の皇帝がいずれここに庭園を造るだろうと読み、自分の墓を石の棺桶にして、石棺を置く室に石の門を設けた。そして、その石門の裏に自分の墓を移動しないよう、後世の皇帝へのお願いを刻んでいたそうだ。

その五〇〇年後、乾隆帝《けんりゅうてい》が清漪園《せいいえん》を造るとき、工事に携わっていた者がその石門を発見した。石門が開けられ、中に置かれていた大きな石棺も開けられた。

石棺の中には大きな頭蓋骨を持つ遺骨があり、遺骨の両側に石箱が一つずつ置かれていた。左側の石箱には金が詰められ、右側の石箱には銀が詰められていた。ところが墓主の名前だけはどこにも刻まれていないため、だれの墓かわからない。

探しているうち、石門の裏側に刻まれた四行の漢字を見つけた。そこには、

「我本長白女真人、左有金来右有銀。後世英主施恩典、教我永住湖水濱」

と書かれていた。つまり、

「私はもともと長白山あたりの女真の人。左側の金と右側の銀を用意している。後世の英明な帝王に恩を施して欲しい。私を湖のわきに永住させてください」

という意味だ。

だれの墓かわからないまま、工事現場の責任者は事情を乾隆帝《けんりゅうてい》に報告した。乾隆帝もわからないので、文武百官に問いをかけた。頭を横に振る人ばかりだったが、最後に宰相の劉墉《りゅうよう》が謎を解いた。

彼は理由を三つあげて、墓主が耶律楚材《やりつそざい》だと断言した。

第一、耶律楚材は、モンゴル族支配の元王朝の宰相を務めたとはいえ、もともと契丹族《きったんぞく》の人である。契丹族はかつて女真族を中心とした大金国に支配され、耶律楚材の父が金章宗《しょうそう》の宰相を務めたこともある。だから、彼は女真人を自称してもおかしくない。

第二、耶律楚材がハンサムで、身長も高い人だった。特に特徴となるのは、頭が格別に大きいことだ。

第三、歴史上、耶律楚材は確かに本人の望み通り瓮山《おうさん》に埋葬された。元世祖フビライの時代、また耶律楚材の墓のところに祠《ほこら》を加えて建てたのだ。ただ、明王朝に入ってから、耶律楚材が敵だった元王朝の宰相を務めたため、祠も供え用の器具も壊され、地上から盛り上がった墓も真っ平らに削られた。だから、地上には痕跡が残らなかったのだ。

宰相劉墉の話を聞いた乾隆帝は、耶律楚材の願いを叶えてやろうと決意した。乾隆帝の命令に遵《したが》って、耶律楚材の石棺は、もとのところに改めて埋葬された。二つの石箱に詰めた金銀は、耶律楚材を許してくれる後世帝王へのお礼の気持ちだと考えられるが、乾隆帝がそれを受け取らず石棺に戻したそうだ。

乾隆帝《けんりゅうてい》はさらに、耶律楚材《やりつそざい》墓のところで立派な祠を建て、中に耶律楚材の像を作り、自ら彼を偲ぶ漢詩を書き、墓碑も立てた。

耶律楚材の墓と祠は今も頤和園《いわえん》の中に保存されている。帝王の皇苑中に赤の他人、しかも五〇〇年前の人間の墓と祠を存在させるのは実に稀なことだ。乾隆帝は偉大な帝王にしかできない度量の大きさを見せてくれた。いや、わざわざ度量の大きさを見せなければならない、と考えてそうしたのかもしれないが、それでも大したものだ。

飛べないコウモリ

頤和園は、もともと乾隆帝が母親に還暦のお祝いをするために造った皇苑だから、全体の構成にもかなり工夫が凝らされた。

まず瓮山《おうさん》の名前を変える。甕《かめ》の山という名前はお祝いにふさわしくない。だから、一万歳まで生きられるように、という意味を取って『万寿山《まんじゅさん》』に改めた。

次は山の形だ。コウモリの形にした。なぜかというと、コウモリの漢字は「蝙蝠《へんぷく》」である。「蝠《ふく》」の中国語発音は「福《ふく》」と同じだ。つまりこの動物が「福（蝠）」を持っている。ちょうど、日本人が「フクロウ＝不苦労」に寄せる思いと似ているのだ。

ところが、山はもともとコウモリの形ではなかったので、改造を加えた。下の瓮山泊《おうさんはく》を深くかつ広く掘り、水をより多く貯められるようにさせながら、掘った土を万寿山に運んで形を整えたのだ。

コウモリの頭のところには、かつて明王朝の皇帝が建てた寺『圓静寺《えんせいじ》』があった。乾隆帝《けんりゆうてい》はそれを取り壊して、頭らしく見えるように高い建物を建てた。やはり寺院である。ここに仏を坐らせるのがいちばん妥当だと考えたのだろう。

寺院の名前は『大報恩延寿寺《だいほうおんえんじゆじ》』という。「報恩」とは母親への恩返しのことだ。「延寿」は母親の寿命を延長して欲しいという願いである。しかし残念ながら、われわれはタイムマシンに乗るチャンスがないので、この親孝行の傑作をチラとでも見ることすらできない。なぜなら、一八六〇年、この大報恩延寿寺は英仏連合軍により焼き払われてしまったのだ。今そこに立っているのは、後に西太后が建てた『排雲殿《はいうんでん》』である。

排雲殿は寺院ではない。西太后の誕生祝い専用の場所として使われていた。

豪華に造った排雲殿の中には、九つ龍を刻んでいる座席「九龍宝座《きゆうりゆうほうざ》」が設置されている。宮廷のルールとして、九龍宝座は皇帝しか坐れない席だ。ところが、排雲殿に置いている九龍宝座は、当時の皇帝であった光緒帝《こうしよてい》が坐れなかった。坐れるのは西太后だけである。

排雲殿ができてから、西太后の誕生日はほぼ毎年そこで祝ったそうだ。皇帝を凌駕するほどの権力者だから、西太后は自分の誕生祝いに驚くほどの大金を使った。たとえば、還暦祝いには、合計七〇〇万両の銀を消耗した。その金額は、当時の清王朝政府にとっては年間財政収入の八分の一に相当する。この世の中、自国の年間財政収入の八分の一を自分の誕生日に使う権力者が何人いるのであろう。

話はコウモリに戻る。

万寿山《まんじゅさん》はコウモリの姿に改造されても飛べないけれど、上空から見ると、コウモリの「羽」がちゃんと両側に広がっている。その広げた羽の「骨」あたりには、いかにも骨らしく細長い建物も建てられた。

『長廊《ちょうろう》』と呼ばれる。

長廊は文字通り長い廊である。万寿山と湖の間に竜のようにうねうねと伸び、七〇〇メートル以上の長さがある。人間が歩くとき、一歩の長さは約〇・七メートルであり、長廊の一端から反対側の端まで歩くと、ちょうど千歩ほど歩かなければならない。だから、この長廊は『千歩廊《せんぽろう》』とも呼ばれている。

意義上、長廊はコウモリの羽の象徴である。また、数千年来、中国の皇帝はずっと自分を竜と自称していた。だから、皇帝の皇苑中に建てたこのうねうねした長廊も大きな竜だと解釈している。

一方、乾隆帝《けんりゅうてい》がこの長廊を建てる実用的な目的もあった。それは、母親が山水の景色を見るとき、雨や雪に濡れないようという親孝行の気持ちである。

廊の外の風景を観賞するだけではなく、廊内も楽しめるよう、廊の天井の近くは人物故事や山水草花などの彩絵で埋めつくされている。また、すばらしい風景画を求めるため、乾隆帝はわざわざ杭州《こうしゅう》の西湖《せいこ》へ絵師を派遣し、西湖の美しい実景をスケッチしてもらい、彩絵として長廊の中に描かせた。

この長廊も一八六〇年に英仏連合軍に焼き払われ、西太后の時代に再建された。西太后も乾隆帝《けんりゅうてい》のやり方を真似て二度ほど中国の南方に絵師を送ったそうだ。

西太后の手でできた新しい長廊《ちょうろう》は今も頤和園《いわえん》の名所として「健在」である。長廊の中には延べ一四〇〇〇点の絵が残っており、そのため、中国でいちばん長い画廊だといわれている。また、一九九一年、ギネスの記録にも登録されていた。

これらの絵は山川、花卉《かき》、鳥獣、金魚など自然界のもののほかに、歴史故事、寓話物語、神話伝説、漢詩や小説などに基づいた絵もたくさん描かれている。そういうわけで、頤和園に行った中国人観光者たちは、往々にして長廊の絵を楽しく観賞しながら自分が知っている話の絵を探すのである。

日本人の中にも、『三国志』、『西遊記』、『水滸伝』、『封神演義』など中国の古典小説に詳しい人が少なくない。楽しく探すと、長廊の絵の中から必ずいくつか自分が知っているものを見出すことができる。

長廊の絵は、一九六〇年代の文化大革命のとき、抹消される危険が迫っていた。当時の「紅衛兵」は、これらの絵がプロレタリアらしくないと認め、ペンキで塗りつぶすことを頤和園の職員たちに強要した。しかし、紅衛兵たちが自らペンキを塗らなかったのは不幸中の幸いだ。

頤和園で働いている年長の職員たちは、絵を守るため、わざとペンキなら時間がかかるという理由をつけて、復元できるように白粉だけを濡らして表面を覆った。そのおかげで、今のわれわれも当時の西太后と同じように、この長い画廊の絵を楽しく観賞できるのだ。

知恵で重要な文化財を守ってくれた頤和園《いわえん》の職員たちに敬意を払う。

石の大愛好家

長廊《ちょうろう》は東西方向に延びた建物だ。その西側の突き当たりに『石丈亭《せきじょうてい》』というあずまやがあり、中には大きな石が立っている。この石は名物の「太湖石《たいこせき》」である。

太湖石とは、江蘇省無錫にある「太湖《たいこ》」という湖の島々、またはその近くの「洞庭山《どうていさん》」という山から採集した造園装飾用の石である。

中国では、皇帝の皇苑や裕福な家庭の庭園に珍しい石を飾る古い歴史がある。とりわけ庭石のうち、太湖石は有名である。

太湖石は穴やくぼみが多く、鑑賞者に可憐というイメージを与える。通常、奇妙な格好になればなるほどきれいだと思われているが、そのよさは、「痩《そう》、透《とう》、漏《ろう》、皺《しゅう》、醜《しゅう》」の五文字で評価される。つまり、スマートな姿で透ける穴がつき、でこぼこな表面に皺とくぼみがいたるところに点在した醜《みにく》い石がいいものだ。

酒好き花好きと同じように、中国歴史上、石好きの人も少なくない。もっとも知られたのは北宋王朝の宋徽宗《そうきそう》である。

当時の皇帝宋徽宗は、中国の南方から珍しい花や太湖石を含むグロテスクな石など観賞価値のあるものを大量に徴収し、運河を船で当時の首都開封に運んだ。運ぶとき、船十艘ごとを「綱《こう》」という単位で数えた。だから、こういう花と石を運ぶ船を「花石綱《かせきこう》」という。

ただ、徴収とはいえ、実際に命令を執行する役人たちは、皇帝の喜びを買うために無理やり献上させたり、探させたり、また略奪したりなど民意に反する行動が多かった。その上、頻繁に花石綱《かせきこう》を運ぶという農民にとって余計な労役も、農民に負担させた。

太湖石の庭園

結局、花石綱のせいで、南方民衆の不満を買い、方臘《ほうろう》を首領とした農民蜂起が起こるまで深刻化した。この話については、日本語にも翻訳された中国の古典小説『水滸伝』の中でも触れられている。

宋徽宗《そうきそう》ほどの石好きは、愛好家の域を越えているほどだ。

さて、石丈亭《せきじょうてい》中に立っている太湖石《たいこせき》を乾隆帝《けんりゅうてい》に献上した人も石愛好家の一人だった。

言い伝えによると、乾隆帝の時代、曾有《そゆう》という人がいた。彼は科挙に勝ち抜き、官僚となり、次第に河南省《かなんしょう》の

「知府」まで昇進した。知府《ちふ》という官職は今の日本でいうと、県知事のことである。

この人は酒も女も好まず、石ばかりが寝食を忘れるほど好きだった。

そのため、彼の家に、庭も部屋の中も至るところに石を飾っており、彼が寝るときですら石を触りながら寝るのだ。あまりにも夢中になりすぎるので、人々に「石癲《せきてん》」、つまり石狂というあだ名までつけられた。

ある日、石癲は侍従をつれて私服で出かけた。

歩いている途中、のどが渇いたので、近くにあった大きな家を訪ね、水をもらいに行った。

そのとき、ふと庭を見ると、三メートルほどの高さの太湖石《たいこせき》が飾られていることに気づいた。

石癲はもらったお茶を飲むことも、のどが渇いたことも忘れたようで、湯のみを持ったまま、太湖石の周りを観賞し始めた。

石癲は見れば見るほどいい石だと確信し、石に向かって何度も、

「石丈様《せきじょう》、石丈様、石丈様」

と、呼びかけ続けた。

昔、中国語の「丈《じょう》」は老年の男性に対する尊称である。だから、石癲の呼び声は「石おじい様」の意味だ。

石を飾っている家の人たちが石癲のその様子を見て、この人は病気ではないかと思い、くっくっとひそかに笑っていた。

「もしもし、お茶のお代わりをしますか」

この家の主人から声をかけた。

石癲《せきてん》の注意力をその声で石から呼び戻した。

「はい。ああ、いいえ。ありがとうございました」

石癲は、湯のみのすでに冷めたお茶を一口で飲み干し、家の主人にお礼を述べて侍従と一緒に庭を出た。

出てからの石癲はどこへも行かず、侍従をつれて急いで職場に戻った。侍従を官服に着替えさせ、自分も「県知事」の官服に着替えてもう一度太湖石《たいこせき》のある家へ出かけた。

庭に入ると、直接太湖石のところに行き、石の前で皇帝にあいさつするときのようにきちんと跪《ひざまず》き、述べ始めた。

「石丈《せきじょう》さま、小生は曽有《そゆう》と申します。ここの知府《ちふ》でございます。この一生、他の趣味がなく、ただ石を命のほど愛しています。今日は、石丈さまにお目にかかれまして、まるで神様が見えたように嬉しく存じます。ぜひとも小生の寒舎までお迎えさせていただき、必ず大事に祭らせていただきます。どうかご同意くださるようお願い申し上げます」

述べた後、石癲はわざと立たず、しばらく石の前に跪いていた。

このときになって、太湖石の家の主人は、初めて先のお茶を求めた人がここの最高長官だとわかった。本心をいうと、石を渡したくない。しかし、相手が官僚。それにばかばかしく石に跪いてしゃべるほどの石狂だから、従わないと、何をされるかわからない。

そこで、仕方がなく、太湖石の家の主人は笑い顔を作って、太湖石を譲《ゆず》る旨を知府に伝えた。

「知府《ちふ》様がこれほどのご誠意をお持ちになるのは、この石の幸せでございます。この石はやはり知府様のもとでお預かりいただくのがいちばんだと存じます。ですから、ぜひご笑納くださいませ」

石癲《せきてん》はこの言葉を待っていたのだ。

「それは、それは、誠にありがとうございます」

石癲が喜んで立ちあがり、家の主人に深くお礼をいって帰った。その数日後、「石丈《せきじょう》」は石癲の庭に移された。

乾隆帝《けんりゅうてい》が頤和園《いわえん》の前身である清漪園《せいいえん》を造ったとき、各地の官僚は争って宝物を献上した。流れが流れだから、その流れに従わないと不審に思われる可能性がある。そう思った石癲が真剣に献上のことを考え始めた。

皇帝にプレゼントするものだから、宝物でないと出せない。自分の家にあった宝物を数えてみると、やはり石がいちばん優れている。ちょうど乾隆帝も珍しい石が好きだから、喜んで受け取るかもしれない。

方針を固めた石癲は、自分の数え切れないほどの石の中からふさわしいものを選び、その末、官服で跪《ひざまず》いて迎えてきたこの「石丈」に決めた。彼は自ら石丈を護送して北京郊外の清漪園に行き、そこで石丈と別れた。

石癲の計算通りだ。乾隆帝は石丈を見て大喜び、その大きさに合わせて長廊《ちょうろう》の突き当たりにあずまやを建て、中に納めた。さらに、「石丈《せきじょう》」という石癲《せきてん》の呼び方の由来を聞いて、あずまやに『石丈亭《せきじょうてい》』という名前をつけた。

石丈のおかげで、石癲の官職が上がったかどうかは知らない。ただ、敢えて自発的に石丈を献上することから見ると、彼は完璧な「石癲」ではないのだ。

家を滅ぼす石

石癲が知っていた通り、乾隆帝《けんりゅうてい》も「愛石家」である。

乾隆帝は長廊《ちょうろう》の西端に大きな「石丈」を置いただけではなく、長廊東端の『邀月門《ようげつもん》』とつながっている『楽寿堂《らくじゅどう》』という建物の庭にもっと大きな怪石を飾った。

楽寿堂は乾隆帝の時代に建てたものであるが、英仏連合軍に焼き払われた後、西太后が再建して自分の寝殿に使った。現在は、観光客にかつての風致を見せるため、当時の原物のまま、もとの様子のまま保管されている。

西太后は、乾隆帝がつけた楽寿堂という名前をそのまま使っていたほかに、庭に置いた大きな石もそのまま残していた。

楽寿堂の庭に飾っている怪石も太湖石《たいこせき》だ。

中国では、一口に太湖石とはいっても、実際に「南太湖石」と「北太湖石」がある。南方の太湖《たいこ》から採集した本来の意味の太湖石を南太湖石と呼ぶが、それに対して、北京近くの房山というところから採集した太湖石みたいな怪石を北太湖石と呼ぶ。

楽寿堂《らくじゅどう》の庭に飾っている怪石は、北太湖石《たいこせき》である。

この怪石は幅二メートル、高さ四メートル、長さ八メートルもある。怪石というのは、この石が仙薬といわれる「霊芝《れいし》」の形に似ており、夏か秋になると、あちこちにコケ植物も生えて「青緑色」になる。だから、乾隆帝《けんりゅうてい》はこの石を『青芝岫《せいししゅう》』と名づけた。「岫《しゅう》」は山の意味だ。

この石には、もう一つの俗名がある。「敗家石《はいかせき》」という。日本語に訳すと「家を滅ぼす石」になる。

言い伝えによると、この石はもともと米万鐘《べいまんしょう》という「愛石家」が北京郊外の房山《ぼうざん》という山の中で見つけたものだ。

米万鐘は明王朝の官僚である。

彼は北京の自宅にこの石を運ぼうと図り、馬車一〇台、人一〇〇人以上雇って、七日もかかってやっと山中から引っ張り出したそうだ。

さらに房山から自宅までの間、井戸をたくさん掘った。真冬になると、その井戸水で氷道を作り、たくさんの人を雇って石を引っ張り続けていた。

しかし石が大き過ぎるから、この作業には時間がかかったし、お金もかかった。まだ自宅に運んでいないうちに米万鐘は資金繰りができなくなり、その上、運悪く彼の官位も失脚した。仕方がなく、石をそのまま北京郊外の路側に放棄した。

だから、この石は人々に「敗家石」と呼ばれるようになった。

清王朝に入って、この石は、偶然にもその道を通った乾隆帝《けんりゅうてい》の眼にとまった。回りの者にこの石のいわく因縁を聞いたところ、もっとも乾隆帝に信用されかつ寵愛を受けている大臣の和珅《わしん》が乾隆帝にそのいきさつを打ち明けた。

和珅は乾隆帝の趣味を知っているので、

「この石は霊気のある石でございます。米万鐘《べいまんしょう》の家に行くと役不足になると思っているからこそ、ここにしゃがんで動かなくなってしまったのです」

と、ユーモア半分本気半分の言葉を加えた。

ところが、乾隆帝は和珅の言葉を聞いて、この石が「霊石」だと本気で思いこんだ。米万鐘の家に行きたくなかったというのは、もっといいところに行きたかったからだ。だったら今、造っている清漪園《せいいえん》に行かせるのはどうだろう。皇苑だから、きっと喜んで行くに違いない。

そう考えて、乾隆帝がさっそく、

「この石を清漪園に運べ」

という命令を下した。

石を運ぶ方法は米万鐘のやり方と同じ。氷道を使った。とはいえ、一官僚に過ぎない米万鐘と比べれば、皇帝は財力も権力も桁違いなので、石は順調に清漪園に運ばれた。

ここで新たな問題が出てきた。

乾隆帝は、この石の形がいわゆる不老長寿の仙薬「霊芝《れいし》」に似ているから、母親の寝殿として用意した楽寿堂《らくじゅどう》の庭に飾るのがもっともふさわしいと考えた。しかし当時の楽寿堂は、囲いの壁も門もすでに出来上がっている。石が大きすぎるので、門から入れないのだ。

仕方がなく、乾隆帝《けんりゅうてい》は門を壊して中に運ばせようと思った。このことが乾隆帝の母親に知られ、

「私は聞いたよ。この石のせいで、明王朝の米万鐘《べいまんしょう》が没落した。今度はわが家の門も破るのか。この石、縁起が悪いわよ」

と、乾隆帝に不満をいった。

親孝行の乾隆帝は、母親の賛成を得ないまま門を壊すのはよくないと思った。しかし、楽寿堂の庭に飾らないと気がすまない、という気持ちもあり、どう母親を説得すればいいか悩んでいた。そこで彼はこの悩みをもっとも信頼している大臣和珅《わしん》に打ち明け、妙案を求めた。

和珅は、巧妙ないい訳を考え出した。

「米万鐘の没落は天意でございます。天意は、この石を皇帝に与えています。米万鐘が勝手に自分のものにしようとしたから、当然没落の罰を受けました。また、この石は霊芝《れいし》の形をしていますから、長寿の象徴でございます。寝泊りの寝殿に置かないと意味がありませんから、楽寿堂に飾るのがいちばんふさわしいと存じております。さらに、門を破って運ぶことは極めて縁起のいいことでございます。つまり門とは制限のことですから、長寿を意味する石が制限を破るということは、無制限に長寿できるという暗喩なのでございます」

「おまえは詭弁の天才だ」

和珅《わしん》のいい訳を聞いた乾隆帝《けんりゅうてい》は大喜びし、さっそくそのまま母親に伝えた。乾隆帝の母親もこの解釈を聞いてうれしくなり、

「早く運ぼう。早く運ぼう」

と、かえって催促したほどだった。

というわけで、この大きな怪石は楽寿堂《らくじゅどう》の庭に飾られ、今に至っている。

性別付き石

石といえば、楽寿堂近くの『玉蘭堂《ぎょくらんどう》』という建物の正殿入口の両側に、性別まで付けられた太湖石《たいこせき》が飾られている。門を出る方向からいうと、左側の石が雄、右側の石が雌だ。二つ合わせて『子母石《しぼせき》』と呼ばれている。その呼び方を日本語らしく訳すと「母子石」という。

一八九八年、日本の明治維新を知っていた清王朝の光緒帝《こうしょてい》は、康有為《こうゆうい》や梁啓超《りょうけいちょう》など維新を主張する人の影響を受け、「戊戌変法《ぼじゅつへんぽう》」という改新を図った。しかし袁世凱《えんせいがい》の裏切りによって失敗してしまい、そのせいで、光緒帝は実権を握っている西太后に軟禁された。同時に、光緒帝に愛され、光緒帝に同情している珍妃《ちんぴ》も、光緒帝に会わせないよう、別のところに監禁された。

話によると、西太后は頤和園《いわえん》の楽寿堂に住んでいたとき、光緒帝を玉蘭堂に閉じ込めた。孤独な日々を送る光緒帝は珍妃と会えず、たいそう落ち込んでいる。それを見た宦官王商《かんがんおうしょう》は光緒帝と珍妃に同情し、ある晩、珍妃を監視する宦官を買収してひそかに珍妃を玉蘭堂に連

れてきた。

久しぶり会えた光緒帝《こうしょてい》と珍妃《ちんひ》は泣きながら話が続き、何度も王商《おうしょう》に催促されてもなかなか別れる気がない。

突然、外から咳声が聞こえた。

王商の仲間の宦官《かんがん》からの合図だ。西太后か西太后の腹心がきているのだ。

事情を聞いた光緒帝と珍妃は動揺し、どうしたらいいかわからなくなった。

もう逃げられない。そう思った王商は、

「殿下、ご安心ください。読書のふりをしてくださいませ。対応策がございます」

と、光緒帝に落ち着かせながら、急いで珍妃を室内の壁に嵌め込んでいる大きな鏡の前に連れて行った。

王商が鏡の一ヵ所を押すと、鏡が動き、後に小さな密室が現われた。

王商が珍妃を密室に隠し、鏡をもとの状態にすると間もなく、すでに庭に入ってきている数人の足音がした。

いちばん先に入ってきたのは西太后である。

実は、西太后はもともと玉蘭堂《ぎょくらんどう》にくるつもりはなかった。

彼女の腹心宦官の一人は、玉蘭堂が普段よりだいぶ遅くまで点灯していることに気づき、様子を見にきていた。しかし外で見張りをしている王商の仲間は、皇帝が読書しているのでだれも通らせないという理由をつけ、庭に入らせなかった。

腹心宦官《かんがん》は怪しいと思って、西太后に報告した。すると、西太后が自ら様子を確かめにきた。

部屋に入った西太后の目線は、ゆっくりと部屋全体を見回した。

光緒帝《こうしょてい》と世話役の宦官王商《おうしょう》だけが部屋にいた。机に何冊の本が散乱している。開いているのもあった。光緒帝は確かに読書中のようだ。

異常を何も感じなかったので、西太后は光緒帝を見つめて笑顔を作った。

「皇帝はあまり遅くまで起きないほうがいいわよ。体を大事にしなくちゃ……」

突然の「来訪」に理由をつけるため、西太后は、「心配」の話をしばらくいい続けていた。

側に立っている光緒帝は、とても落ち着いて聞く気分ではない。ばれるのではないかと心配で、心配で、心臓がどきどきしている。自分の表情から異状を見抜かれないように、西太后と目線も合わせず、頭もたげなかった。聞いているふりだけで、実際に西太后が何をいっているのかは、さっぱり聞いていない。頭の中では、早く帰って欲しいという一点ばかりを祈っている。たまに、

「はい。はい」

と、心ここにあらずの返事をするだけで、西太后の「配慮」を感謝する言葉は何一つ出なかった。

西太后が光緒帝のそっけない態度に怒った。ぶすっと不愉快そうな顔つきで立ちあがり、光緒帝が祈ったとおり帰って行った。正殿を出るとき、左側に飾っている石に向かって、

「あなたね、冷たくて情けない。まるで石だわ」

と、いい残して去った。

危なかった。

ばれたら大事件になるのだ。光緒帝《こうしょてい》と珍妃《ちんひ》がどうされるかわからないが、王商《おうしょう》および関連した宦官《かんがん》全員は間違いなく処刑される。

光緒帝も王商も、ほっと胸をなでおろした。

玄関まで西太后を送った光緒帝は、すぐには部屋に戻らなかった。しばらく門の右側に飾ってある石を見つめ、

「あなたはなぁ、どうして心が石よりも冷たいのか」

と、つぶやいた。

それ以来、門の両側の石は「母子石」とひそかに呼ばれ、左側の石が光緒帝、右側の石が西太后だと言い伝えられている。

そのときからすでに一〇〇年が過ぎ、西太后も光緒帝もとうの昔にあの世に行ってしまった。ところが、玉蘭堂《ぎょくらんどう》の正殿前の母子石は、今も門の両側に立って、冷たい目線でにらみ合っている。信じないなら、そこに行って確認してみよう。

桃と亀

今の日本では、誕生日のお祝いとしてバースデーケーキを食べる。現在の中国もバースデ

ーケーキを食べる人が多くなった。

ところが、中国人の伝統的な誕生祝いは、バースデーケーキを食べるのではなく、ラーメンや桃を食べる。

別にラーメンや桃が格別に美味しいからわざわざ誕生日のときの楽しみとして食べる、という意味ではない。長生きしたいため、または長生きしてもらいたいという気持ちを込めて、長寿を願い、活力を満たすためにラーメンや桃を食べるのだ。

中国では、誕生日に長いものを食べると、寿命も長くなるという説がある。ラーメンは麺の太さと比べて長さのほうがはるかに長い。だから誕生日にラーメンを食べる習慣が民間に広がっている。その上、誕生日に食べたラーメンはラーメンとはいわず、「長寿麺《ちょうじゅめん》」という。

一方、誕生日に桃を食べる習慣は二つの伝説から始まっている。

一つは孫臏《そんぴん》にまつわる伝説だ。

孫臏は中国の戦国時代の兵法家である。彼は鬼谷子《きこくし》という人に師事し、弟子入りしてから一二年間は一度も家に帰らなかった。母親の誕生日を祝うため一二年ぶり家に帰ろうとしたとき、師の鬼谷子から大きな桃を一つ母親への誕生日プレゼントとしてもらった。

家に帰った孫臏が桃を母親に捧げたが、それを食べた母親は何と、みるみる皺が見えなくなり、白髪も黒くなったのだ。

若返った孫臏の母を見た近所の人たちは、きっと誕生日に桃を食べたから若返ったのだと思い、みんな真似し始めた。だから、誕生日に桃を食べる習慣が始まったのだ。

もう一つの伝説は天神と関係がある。

中国神話の中で、天上は神の世界である。神も人間のように男と女がおり、女神のトップは「西王母《せいおうぼ》」という。俗に「王母娘娘《ワァンムニャンニャン》」と呼ばれる。

西王母が住んでいるところに「蟠桃園《はんとうえん》」があり、中には桃の一種である「蟠桃《はんとう》」の木をたくさん育てている。その木は三〇〇〇年に一度実り、その桃を食べると長寿になるそうだ。

旧暦三月三日は西王母の誕生日である。日本では、「桃の節句」としてひな祭りを祝う日だが、中国では、毎年この日に西王母が「蟠桃会《はんとうかい》」という誕生日パーティーを開き、天上の神々を招いて蟠桃をごちそうする日とされていた。中国の古典小説『西遊記』の中でもこの話に触れている。孫悟空は、「蟠桃会」に招待されなかったため怒って大暴れし、おまけに蟠桃をたくさん食べてしまう。だから、孫悟空は大変な長寿となって今もどこかで生きているかもしれない。いや、確かに、少なくとも小説『西遊記』の中では生き続けているではないか。

ある年、漢武帝《かんぶてい》の誕生日のとき、西王母が天上から降りてきて、漢武帝に蟠桃を四つプレゼントした。漢武帝は初めてこんなにうまい桃を味わったと大変喜んで、四つとも全部食べた。それだけではない。人間の世界でも同じ物を栽培すれば、自分がいつでも食べられるのではないかと思い、漢武帝は食べた桃の種を取っておいた。その様子を見ていた西王母は、漢武帝が人間界に植えようとしていることを知り、わざわざ「人間界の土壌は貧弱だから植えても出ない」と教えた。

いかんせん、結果は西王母《せいおうぼ》の教えた通りで、人間界では西王母が育てた桃を栽培することはできなかった。しかし、漢武帝《かんぶてい》のように誕生日に桃を食べるという習慣は中国で広がっていった。

とはいえ、桃は季節性のある果物だ。

保存し難いため、一年中いつでも新鮮な桃が食べられるとは限らない。そこで、誕生祝いの人々は無理に新鮮な桃を求めず、代わりに、桃の形に作った「桃饅頭」を食べる。

ここでいう饅頭は、日本のお菓子屋さんが売っているような饅頭ではない。作り方は日本のコンビニエンス・ストアで売っている肉まんやピザまんと似ているが、具はない。中国では主食として食べられている。

「桃饅頭」を食べるほかに、桃を描いた絵、または桃の形に作ったさまざまなものも誕生日のお祝いとしてプレゼントする。

中国歴史上、乾隆帝《けんりゅうてい》が母親の誕生日にプレゼントした「桃」はいちばん大きいものだろう。彼は、もともと瓮山《おうさん》と呼ばれた万寿山《まんじゅさん》の下にあった「瓮山泊《おうさんはく》」という湖を桃の形に掘り直して母親に捧げたのだ。

湖を掘り直すとき、一つ困ったことがあった。

計画の中で水域にすると決めた陸地の一ヵ所に、明王朝時代に建てた『竜王廟《りゅうおうびょう》』が残っている。竜王廟は竜を祭るところで、それを壊して湖にすれば竜の不満を買う。壊さないように避けると、水域になるべきところが水域にならないから、湖の桃の形を崩してしまう。

設計者は、悩んだ末、妙案を出した。竜王廟《りゅうおうびょう》周辺だけは掘らないで、その周りは計画のまま掘り続ける。そうすると、湖の形は変わらず、竜王廟のところだけが湖中の島として残る。

この島は『南湖島《なんことう》』という。

しかし湖に島一つだけあるというのはどうも落ち着かない。それでほかのところにも藻鑒堂島《そうかんどうとう》、治鏡閣島《ちきょうかくとう》と呼ばれる二つの島を造った。理由は、乾隆帝《けんりゅうてい》の母親を仙境に住ませるため、仙人が住んでいる蓬萊《ほうらい》、方丈《ほうじょう》、瀛洲《えいしゅう》という三つの神山の意味を取って、湖の中に三つの島を造ったのである。

また、南湖島の竜王廟は壊さず、立派に修繕した。

なぜなら、中国の皇帝は竜だと自称しているから、皇苑の中に竜があってもお

頤和園の「十七孔橋」

かしくはない。それに、この湖にあった「水中の竜」はちょうど万寿山《まんじゅさん》のふもとに建てた『長廊《ちょうろう》』という「陸上の竜」と対応しているのだ。

　設計者の工夫はこれだけではない。長寿のイメージを持つ動物は亀だ。だから、亀の形をこの皇苑のどこかに取り込まなければならない。そこで、設計者は竜王廟《りゅうおうびょう》が立っている南湖島《なんことう》に目をつけた。

　南湖島は陸地から約一五〇メートル離れている。この間は『十七孔橋《じゅうしちこうきょう》』という橋でつないだ。さらに橋の陸地側の端に『廓如亭《かくじょてい》』というあずまやを建てた。

　これらを上方から見れば、亀の形が出てくる。南湖島は亀の背中、十七孔橋は亀の首、廓如亭は亀の頭に当たる

のだ。それに、橋があったので、陸地から船に乗らなくても南湖島《なんことう》に行ける。まさに一石二鳥のアイディアだ。

十七孔橋の下には名前の通り、水が通る空洞が十七個ある。この橋のもっとも知られたところは、橋の欄干にさまざまな姿態に刻んだ獅子の面白さとその数の多さである。

中国は昔、獅子という動物はいなかった。仏教の伝来に伴って獅子という動物の存在が中国人に知られたそうだ。そのためか、獅子は霊威のある動物だと見られ、あちこちで石に刻んだ獅子を装飾している。

十七孔橋《じゆうしちこうきよう》の石獅子はとりわけ多い。好奇心を持って数える人がいるが、全部で五四四匹もいるそうだ。

なぜ獅子の数を整数の五〇〇、または

頤和園の石船

最大陽数九の倍数である五四〇にしなかったのだろう。不思議に思って、その数の正しさを検証したくなるかも知れない。

実は五四四という数にはそれなりの根拠がある。ちょうど橋の一七孔の倍数だ。

それなら、なぜ橋の孔を一七個にしたかという問題も出てくるが、それは橋の真ん中から両側に数えるといずれも最大陽数九になるとともに、全体の孔の数も陽数（奇数）になるためだ。

動けない船

乾隆帝《けんりゅうてい》は桃の形に掘り直した瓮山泊《おうさんはく》を『昆明湖《こんめいこ》』に改名した。

この名前は乾隆帝が初めて使ったものではない。

かつての漢武帝《かんぶてい》は古インドに訪問団を派遣し、「昆明国《こんめいこく》」の「滇河《てんが》」で阻害を受けたそうだ。滇河は現在の雲南省《うんなんしょう》の大理あたりにある「洱海《じかい》」という湖である。

漢武帝が怒って昆明国を征伐する決意をした。湖中での闘いを想定して、漢武帝は当時の首都長安で周囲二〇キロメートルの人工湖を開拓し、水軍を訓練した。また、漢武帝は昆明国を攻める気持ちを込めて、その人工湖に「昆明池《こんめいち》」という名前をつけた。

今度は、乾隆帝《けんりゅうてい》が漢武帝を真似て、掘り直した湖に昆明湖《こんめいこ》という名前をつけたのだ。

考えてみると、母親への誕生日プレゼントとして造った皇苑だから、山を万寿山《まんじゅさん》に改名したことと同様に、湖の名前も「万寿湖」など長寿と関連した名前をつけるほうが情理にかなう。しかし乾隆帝は敢えてそうはせず、わざわざ水軍訓練の湖だと連想されるような名前をつけた。

おそらく乾隆帝は、親孝行というイメージを国民に感じてもらうほか、単に奢侈《しゃし》をきわめることではなく、実質上この工事が「国にも役立つ」というイメージを国民に伝えたかったからであろう。

実際、乾隆帝の時代には、本当にこの昆明湖で水軍の訓練を行ったそうだ。帝王らしいやり方だ。

昆明湖の中に、本物の舟のほか、乾隆帝は大きくて華麗な石船をもわざわざ造っておいた。その船は全長三六メートルほどあり、今も『石丈亭《せきじょうてい》』付近の水中に「停泊」している。

その石船は『清晏舫《せいあんぼう》』という。

乾隆帝《けんりゅうてい》が水中に壊れない、沈まない、動かない石船を建てたのには、単に景観の美しさを演出するためだけではなく、もっと深い考えがあった。その考えは中国の古典名著『荀子《じゅんし》』と関係している。

二〇〇〇年前、中国の戦国時代の思想家荀況《じゅんきょう》は『荀子』という本を書き残した。本の中には、日本人によく知られている名文も少なくない。たとえば、「青は藍より出て、藍より青し」も、「塵も積もれば山となる」も、みなこの本から出てきた言葉である。

この本の第五巻に、

「君者、舟也。庶人者、水也。水則載舟、水則覆舟」

という言葉が書いてある。現代日本語に直すと、

「君主は舟だ。民衆は水だ。水は舟を浮かばせることもできるし、沈ませることもできる」

となる。つまり、民意に従えば政権が安定するが、民意に順応しなければ政権が転覆するということだ。

唐王朝二代目皇帝唐太宗《たいそう》の時代、諫め役の名臣魏徴《ぎちょう》が唐太宗に『諫太宗十思疏《かんたいそうじゅうしそ》』という中国歴史上有名な諫言文《かんげんぶん》を呈上し、その中で荀子の言葉を「載舟覆舟《さいしゅうふくしゅう》」という四文字に濃縮して書いた。

そういうきっかけで、「載舟覆舟」は「舟を支える水は舟を覆すこともする」という帝王学の意味を持つ四字熟語として一気に有名になり、今も使われている。

乾隆帝は自分の王朝を覆されたくはない。

だから、堅固でひっくり返せない石船のように、清王朝がいつまでも存続するようにという念願を込め、こういう寓意がわかりやすい石船を建て、同時に決して覆らない王朝を造るよう子孫に啓示したのである。

しかし、残念ながら彼の子孫は彼ほど立派ではなかった。王朝が傾いただけではなく、この石船でさえ、一八六〇年の英仏連合軍に壊された。

今、観光者の目に映っている石船『清晏舫《せいあんぼう》』は、西太后の時代に海軍の軍費を使って修復したものだ。石船のもともとのデザインは中国式の船だったが、修復した後の石船は洋式になった。

話によると、新しくできた石船は兵船の模倣だった。石の大砲もあったのだ。

しかし西太后がその大砲を見て激怒した。なぜかというと、石大砲の砲口は西太后が住んでいるところに向けられていたからだ。

結局、大砲は撤去され、石船を西太后の飲食場所として改装した。

海軍の軍費を軍艦造りに使わず、石船の修復に使う。清王朝の実権を握っている西太后にとって、中国という大きな「船」と清晏舫という石船は一体どちらが大事だったのであろう。

牛の話

亀の頭として十七孔橋《じゅうしちこうきょう》の一端に建てられた『廓如亭《かくじょてい》』のわきに、銅で鋳造した大きな牛が腹ばいになっている。

頤和園の銅牛

この牛は長生きだ。乾隆帝時代《けんりゅうてい》の一七五五年「生まれ」なので、すでに二五〇歳を超えている。

中国でよく見かけられる銅の獅子や麒麟など、現実離れした格好のものとは異なり、この牛は本物に迫っていて、元気な姿で生き生きとしている。つるつるした牛の背中に、文字の形をした凹凸があるが、それは乾隆帝がこの牛のために書いた『金牛銘《きんぎゅうめい》』という文章である。

銅の牛なのに、なぜ「金牛《きんぎゅう》」と称するかと不思議に思う人がいるかもしれないが、ここの「金」はゴールドではなく、金属の意味だ。つまり、金属製の牛である。

こういう表現と類似する例はほかにもある。たとえば「金文」という文字は、黄金の粉で書いた文字でもなく、ゴールドに刻んだ文字でもなく、古代の青銅器にしるされた銘文のことだ。

中国では昔、金を黄金、銀を白金、銅を赤金、鉄を黒金、錫《すず》を青金と呼び、これらを合わせて「五金」といった。そのため「金」は金物の総称となっていたのである。中国の金物屋は、今も「五金商店」という名前を使っている。

では、どうして乾隆帝《けんりゅうてい》はわざわざ湖のわきに銅の牛を建てたのであろう。

それはただ景観のためではなく、昆明湖《こんめいこ》が水害にならないようにという乾隆帝の防災「対策」の一環にもなっている。

伝説によると、はるか昔、中国も大洪水の時代があった。当時の帝王「堯《ぎょう》」は「鯀《こん》」という人を治水の責任者に命じた。

鯀はあちこちに堤を築き、一生懸命に洪水を阻止しようとしたが、うまくいかず失敗に終わった。

その後、堯は治水のことを鯀の息子「禹《う》」に任せた。禹は鯀の失敗から教訓を得て、水の流れ道を造り、川を広げ、洪水をうまく海へと導いたので、治水事業で大成功を収めた。そうした業績のおかげで、禹は堯の後継者「舜《しゅん》」の後継ぎとして帝王になり、古代中国の夏《か》王朝の始祖となった。

長年治水しているうち、どういうわけか禹は牛が水害を鎮めるパワーを持っていることに気づいたそうだ。だから禹は、各地で洪水を治めるつど、必ず鋳物の牛を川に沈め、水害の再発を鎮めた。

このような由来があったため、乾隆帝《けんりゅうてい》は禹《う》のやり方をさらに改良して、水害を鎮める役割としてこの銅牛を昆明湖《こんめいこ》のそばに建てた。さらに建造の趣意を牛の背中に『金牛銘《きんぎゅうめい》』として残したのである。

また、この銅牛には天上の牽牛星《けんぎゅうせい》のイメージもある。というのは、頤和園《いわえん》には七夕神話も持ち込まれていて、昆明湖は天の川、湖の東には牽牛を表す銅牛、西側の『玉帯橋《ぎょくたいきょう》』あたりには織姫をイメージした『耕織図《こうしょくず》』という景観スポットが設けられているからである。

現在、耕織図のところには「耕織図」の三文字を刻んだ碑だけが建っているが、かつては、そこに『蚕神廟《さんしんびょう》』や『織染局《しょくせんきょく》』など織姫の仕事と関係する景観や、農事を反映する景観もあったそうだ。

「耕織図」という言葉は、観光者に対し、景観の名前というよりもむしろ絵の名前といったイメージを与えるのではないだろうか。実は、確かにこの名前は絵の名前から借りたものなのだ。

南宋王朝の時代、楼寿玉《ろうじゅぎょく》という人がいた。彼は当時の稲作の二一工程と絹生産の二四工程をそれぞれ一枚の絵にまとめて描き、稲作の絵を「耕図《こうず》」、絹生産の絵を「織図《しょくず》」、二枚をセットで「耕織図」と名づけた。後に、彼はこの耕織図を当時の皇帝宋高宗《そうこうそう》に献上した。

その数十年後、南宋時代有名な画家劉松年《りゅうしょうねん》も耕織図を描き、当時の皇帝宋寧宗《そうねいそう》に献上した。それ以来、二人の耕織図は頻繁に模写されたため、ついにはどれが本物で、本物はどこにあるのか、全くわからなくなってしまった。

清王朝の時代に入ると、乾隆帝《けんりゅうてい》は「耕図《こうず》」と「織図《しょくず》」を別々に手に入れたが、本物ではなく、元王朝の人が模写したものらしい。それにしても珍しいものであるから、乾隆帝はそれを大事に収蔵していたそうだ。

乾隆帝が耕織図《こうしょくず》を景観の名前にしたのは、そういういきさつがあったため、と考えられる。ちなみに、乾隆帝が持っていた耕織図は一八六〇年の英仏連合軍に没収され、現在は、アメリカの美術館に収蔵されているといわれている。

さて、話は銅牛のことに戻るが、銅牛は本来乾隆帝の時代に造られたものなのに、民間では、西太后の命令で造られたという伝説が残ってしまった。

その伝説によると、西太后の命令で修復した頤和園《いわえん》には、もともと廓如亭《かくじょてい》のわきの銅牛がなかった。

頤和園の工事が全部終わったとき、紫禁城にいた西太后は腹心宦官李蓮英《かんがんりれんえい》を頤和園に派遣し、工事の出来具合をチェックさせた。李蓮英は朝から夕方まで頤和園修復の進捗状況を丹念に見て回り、最後に万寿山《まんじゅさん》の高いところから昆明湖《こんめいこ》を眺めた。

暗くなったせいか、それとも疲れたためか、朦朧とした李蓮英の視界には「南湖島《なんことう》」と「十七孔橋《じゅうしちこうきょう》」と「廓如亭」でできた巨大な「亀」が昆明湖の中で、ゆっくりと動いているように見えたのだ。

「あっ、大変だ」

と、李蓮英《りれんえい》が驚いていると、頤和園《いわえん》の外から牛の鳴き声が聞こえてきた。その鳴き声は、たまたま一日の農事を終えて、自宅に帰る頤和園周辺の農民たちが連れていた牛の鳴き声だった。

この偶然に聞こえた牛の鳴き声で気が引き締まったのかも知れない。李蓮英が改めて南湖《なんこ》島《とう》あたりを注意して見まわすと、さっきまで動いていた巨大な「亀」は微動だにしなかった。牛の鳴き声が効いたのだろう。そう思った李蓮英は、この不思議な話を西太后に報告した。そこで、巨大な「亀」を鎮めるため、わきに銅牛を立てることになった、ということである。

牛の話といえば、頤和園の中には、牛のために北向きに坐った観音がある。

頤和園の後山には、『雲会寺《うんかいじ》』があり、その中には銅の観音が祀られている。通常の観音像は、顔が南向きとなっているが、この寺の観音は北向きだ。

言い伝えによると、観音様がある日、頤和園あたりにきたとき、頤和園周辺の農民たちがスコップなど手作業の工具を使って農事を行っていた。

農民たちが大変苦労している姿を目にした観音様は、かわいそうに思い、天上の牛に、農民を助けるよう頼んだ。

すると、天上の牛は、

「観音様、今の人間は、感謝の気持ちが薄くなっているのです。手伝いに行ってもかまいませんが、ただ、手伝いに行っても感謝されず、かえって殺されるかも知れません。ですから、手伝いに行かずにすむのであればそうさせていただきたいのです」

と、涙をこぼしながら懇願した。

「そんなことはあり得ないだろう。もしあなたが殺されたら、私はそこに行って北向きに坐ってもかまわない」

観音様は牛の言葉を否定して誓った。

しかし、一所懸命働いた牛が、最後に本当に殺され、肉まで食われてしまった。それを知った観音様は、大変後悔をして、約束通り、そこで北向きに坐ったのである。

西太后の恐怖と娯楽

観音を信仰する人が多いが、観音の姿を好む権力者もいた。清王朝の西太后はその一人である。

西太后は、慈悲というイメージからはほど遠い言動をしながら、形ばかりは観音にあこがれていたようだ。観音のような装いをして、アメリカ人の女性画家に絵を描かせたり写真を撮らせるだけではなく、呼び方も「老佛爺《ローフオーイエー》」、つまり「仏様《ほとけさま》」と呼ばれることに大きな喜びを感じた。

この清王朝宮廷の「老佛爺」には、大嫌いな動物があった。狼である。

頤和園《いわえん》の外側に『六郎荘《ろくろうそう》』という村がある。「郎」という漢字の中国語発音は「狼」の発音と同じだ。頤和園に近いため、西太后の時代、その村の名前を無理やり『太平荘《たいへいそう》』に改め

仁寿殿前の竜と鳳

させられた。

なぜ西太后がそんなに狼を嫌うかというと、彼女は羊年生まれだからだ。

中国人のイメージの中で、狼は羊を食べる動物である。

一匹の狼だけでも十分羊は恐ろしく感じるのに、自分が住んでいる頤和園《いわえん》の外に何と六匹も「待機」している。だから、西太后にとっては、村の名前を改めないとどうしても安心して眠れなくなったのである。

西太后は太平荘《たいへいそう》に改名しただけではまだ気がすまなかった。さらに、狼を鎮めるために六郎荘《ろくろうそう》が見える山頂に『千峰彩翠楼《せんほうさいすいろう》』を建てさせた。

ちなみに、西太后の時代の宮中では、羊肉を「羊肉」とは呼ばず、「福肉」または「寿肉」と呼んだそうだ。羊年生まれの彼女にとって「自分の肉」を食べるなど、想像するのも身の毛がよだち、「改名」させたのだろう。

頤和園《いわえん》に住んでいた西太后の執務室は『仁寿殿《じんじゅでん》』である。仁寿殿は、今でも西太后当時の様子を保っているそうだ。

建物の外には、精巧に作られた銅製の竜と鳳が並んで置かれている。

中国文化の中では、竜は男のイメージ、鳳は女である。宮廷は竜を中心とした男性優位の世界だから、このように竜と鳳を並べて飾ることはほとんどない。西太后が自分の存在を誇示するためにわざわざこのように並べて飾ったのかもしれない。

仁寿殿の中に入ってみると、正面の真ん中には、宝座《ほうざ》は一つしか置いていない。つまり外の飾りとは異なり、現実の「竜」と「鳳」は、銅飾りのように仲良く並んで坐るのではなく、一方のみが中心に坐ったのである。

さて、どちらだろうか?

正解は、お察しのとおり鳳だ。

西太后と光緒帝《こうしょてい》は、ここで一緒に政務を行うことが少なくなかった。そのとき、真ん中の宝座にはいつも西太后が坐り、皇帝たる光緒帝には、西太后の宝座の左側にもう一つ座席を用意して坐らせたのだ。皇帝としては何とも面目ない話である。

ところで、仁寿殿にまつわる言い伝えによると、皇帝の上に君臨していた西太后は、この仁寿殿で幽霊にまつわりつかれていたことがあったとか。その霊は、光緒帝に寵愛され、西太后に殺された珍妃《ちんぴ》の「怨霊」だといわれている。

西太后は、陽の世界では思う存分に権力を振るうことができるが、陰の世界には何の力も持っていない。だから、頻繁にきていた珍妃の霊には、大きな恐怖を覚えた。そこで、西太后は巫女を呼び、助けを求めた。

巫女は、仁寿殿《じんじゅでん》で一通り除霊の儀式をし、その後、自分が除霊のときに感じたことを西太后に語った。

「かなり深い怨みを持つ霊でございます。除霊だけでは効かないかもしれません」

「ならば、どうすればいいのだ？」

巫女の言葉を聞いて、西太后が不安そうに方法を尋ねた。

「この霊は実物の鏡や鏡という文字に弱いのです。『大圓宝鏡《だいえんほうきょう》』という四文字の横額を書いてもらい、宝座《ほうざ》の上に正門に向けて掛ければ、霊は入れなくなるでしょう」

西太后は巫女のいう通り、急いで「大圓宝鏡」の横額を作って、彼女が坐る「宝座」の上方に掛けた。

その後、珍妃の霊はしばらくこなかった。

これで解決だと思ったのもつかの間、再び霊が現れ始めた。今度は、何と門からではなく、壁を透き通って入ってきたようだ。

恐怖におびえた西太后は、もう一度巫女を呼んだ。

事情を聞いた巫女は、今度は「宝座」の両側に大きな鏡を設置するよう提案した。この仁寿殿の両側に門の大きさほどの鏡を向かい合わせに置いたのだ。鏡の効果が大きかったのか、霊はそれ以降こなくなったという。

現在、西太后はすでにあの世に行ってしまった。だから鏡を置いても置かなくても仁寿殿《じんじゅでん》には、珍妃《ちんひ》の霊はこないであろうが、霊に効く鏡はもうとりはずされたのだろうか？ 残っているかどうかを確認してみるのも面白いだろう。

頤和園《いわえん》の中で、西太后が恐怖におののいた場所は、ほかにもう一カ所あるという噂が言い伝えられている。『宝雲閣《ほううんかく》』という建物だ。

宝雲閣は世界でも有数の珍しい建物である。

というのは、この建物が、四角の柱、周りの窓、上の瓦に至るまで、全て銅を使って造られたものだからだ。高さは七・五メートル、重さは何と二〇〇トン以上の銅製の建物である。

その噂によると、西太后は、頤和園を修復するときに、どうしても銅だけを使った建物を建てたいといい張った。しかし、当時の財政はすでに窮地に陥っており、そうしたとてつもない大金を出せる状況ではなかった。

どうすればいいかと考えているうち、西太后に信頼されている宦官李蓮英《かんがんりれんえい》が悪知恵を働かせた。頤和園の門外に九つ大きい甕《かめ》を用意し、通る人に銅銭一枚を中に入れさせたのだ。この案は功を奏し、実行に移して一年も経たず、銅を二〇〇トンも溜めることができた。

そこでさっそく建設に着手したのだが、どういうわけか四隅に立つべき銅の柱がどうしてもうまく立たない。そこで、風水師を呼んだ。すると風水師は、二つの柱の下に童貞の男、ほかの二つの柱の下には処女を埋めなければ柱は立たぬ、と、恐ろしいことをいったのである。

人の命に関わることだから、人々は西太后の裁決を仰いだ。西太后は風水師のいう通りにせよという命令を下し、無辜《むこ》の童貞処女四人が人柱とされた。かくして、宝雲閣《ほううんかく》の建設は順調に進んだ。しかし、西太后がこの宝雲閣に入るたび、

「命を返せ」

という声が聞こえる。そこで、彼女は巫女の助言により、宝雲閣の外に三メートルほどの高さの仏の絵をかけさせたというのである。

ところが、噂はあくまでも噂にすぎなかった。宝雲閣の建設は、西太后とまったく無関係で、実際には、乾隆帝が建てた銅の仏殿だったのである。

仏殿だから、むろん空っぽの建物ではない。中には、仏像もあったし、仏像と関連する飾りつけも一通りあった。また、仏殿自体の建築だけではなく、中に飾るものも含めて、全て銅で作ったのである。

とすると、宝雲閣にまつわる西太后の噂は事実無根のでっちあげなのである。しかし、そんな噂がまことしやかに囁かれたのも、彼女に虐げられた人の怨念のなせるわざか、世間では、西太后は「己の欲のためには人命をも犠牲にする」というイメージが強かったからに違いない。

宝雲閣《ほううんかく》は数奇の運命に遭った。

まずは一八六〇年、中の仏像と関連の飾りつけが英仏連合軍に「拉致」された。

次は一九一〇年ごろ、あんなに重い銅の窓なのに、十枚ほどがだれかに外され、「行方不明」になり、一九一二年、その十枚の銅窓が上海から海外に流出。後にフランスの骨董商人の手に入った。そして、残った窓は、不揃いでは格好が悪いという理由で、外して保管されることとなった。かくして、宝雲閣はあずまやの格好となり、世間で「銅亭《どうてい》」と呼ばれるようになったのである。

とはいえ、一九九三年、あるアメリカ人が五〇万ドルを出資し、海外に流出した十枚の銅窓を買い取り、中国政府に寄贈した。おかげで、宝雲閣はやっと従来の外貌に戻ったのだ。

西太后の楽しみは、実は銅の建築ではなく、京劇を観ることだ。

西太后は有名な「京劇狂」だといわれる。平日でも頻繁に観るのはもちろん、誕生日や年中行事には、必ず数日間の京劇を演じて祝う。

頤和園《いわえん》の中で、すでに『聴鸝館《ちょうりかん》』という劇場があったが、西太后はそれが小さいと文句をいった。楽しく京劇を観賞できるよう、彼女は五年の歳月をかけて、頤和園の中に『徳和園《とくわえん》』という大きな劇場を造った。

今のイメージでいうと、劇場とは、一つの大きな屋根の下に椅子を何列も並べ、前方に舞台があるというものだ。ところが、西太后が建てた劇場は違う。この劇場は北京の「四合《しごう》院《いん》」みたいに「ロ」の形となって、真ん中は露天の庭である。

徳和園《とくわえん》劇場の南側一面は大きな舞台だ。この舞台は上、中、下三層があり、京劇の種目によって同時に天国、人間および地獄の様子が演じられた。ただ、舞台は屋根があるけれども、周りに壁がない。寒い日の出演はさぞかし大変だっただろう。

舞台の向かい側には、庭を挟んで『頤楽殿《いらくでん》』という京劇観賞用の建物がある。西太后はその中に坐って、自分のために演じられた京劇を楽しむ。西太后の好みで連れてきた皇帝や后妃たちもここで京劇を観る。

舞台と頤楽殿の東西両側には「観劇廊《かんげきろう》」が建てられ、西太后に招かれた大臣や親王たちはここから斜めの角度で坐って観賞する。斜めで見るとはいえ、西太后に招かれたので、それだけでも大変な栄耀となるのだ。

いちばんかわいそうなのは光緒帝《こうしょてい》だった。西太后に観劇に呼ばれ、いやとはいえず、行かなければならない。ところが、行っても彼の坐る座席は用意されず、西太后の後に立って京劇を観るしかないのだ。光緒帝も光緒帝であるが、気が弱くて敢えて西太后に座席を求めることもせず、ずっと我慢していた。

舞台の役者たちは、舞台側からその風景がはっきり見えるので、みな光緒帝に同情し、西太后のやり方に不満を持つ。しかし自分の命に関わることだから、腹立たしいと思うだけで、なかなか進言する人はいない。

とうとう、ある勇敢な京劇役者が我慢できなくなった。ちょうど皇帝の役を演じる機会があり、演劇中に、彼は隙を見てわざと「ほら、見てみなさい。わしが偽の皇帝にもかかわらず、ちゃんと座席がある。しかしあっちの本物の皇帝は、座席さえもなかったよ」と、本来の京劇の中にはない「台詞」を加えた。

西太后に怒られるのではないかと、役者同僚たちが心配する中、演劇は何のトラブルもなく無事に終わった。

西太后は、京劇狂といわれるほど京劇に詳しいから、その台詞のずれが聞こえないわけではない。でも、彼女は何もいわなかった。そしてその後、光緒帝《こうしょてい》の座席も用意された。西太后には、このような形での進言が一番効き目があったのだ。

第3章　万里長城の話

1. 予言の解読

一九八七年、中国国内の六カ所が、初めてユネスコの世界遺産リストに登録された。その中の一つが万里の長城である。

城という字を見ると、だれもが大阪城や名古屋城のような壮麗な建物を連想するであろう。ところが、長城は違う。長城をわかりやすくいえば、長い壁だけだ。

学校など公共施設は、正常な活動をスムーズに進めるため、よく囲い壁を造る。長城もそういう目的だ。ただスケールが違う。一国または一区域の安全を守る役割を果たすため、長く長く築いたのである。

島国である日本では、長城とは縁が薄いかもしれないが、他国と国境を接する国々、例えば中国ばかりでなく、韓国やヨーロッパにも、みな長城を築く歴史があった。

長城は守りの手段である。同時に、外敵を恐れる心理も反映している。だから、長城は統治者の悩みの象徴だといえる。

秦の始皇帝が天下統一したのは紀元前二二一年のことだ。その前の春秋時代と戦国時代には、中国はすでに数多くの長城を築いていた。

現在の山東省《さんとうしょう》あたりに、当時は斉《せい》という国があった。周りの国から自国を守るため、斉国は数百キロメートルの長城を築いた。歴史上、「斉長城《せい》」という。

強い秦《しん》国の南に楚《そ》国がある。この国も、秦から守るため数百キロメートルの長城を築き、今は「楚《そ》長城」と呼ばれる。

当時の周辺各国に怖がられていた秦国も長城を築いた。北と西側にいる匈奴《きょうど》からの攻撃を防ぐためだ。

同じく匈奴を防ぐために長城を築いた国に北方の趙《ちょう》国と燕《えん》国がある。

燕国は今の北京あたりを中心とした国だった。北京観光の経験者の大半は、『燕京《えんけい》』という銘柄の地ビールを飲んだことがあると思うが、その名は、かつて北京あたりに燕国の首都があったことに由来する。

紀元四世紀、つまり日本から遣隋使を派遣した隋王朝の前で、中国は南北朝の時代である。北方では前後または同時に、北魏《ほくぎ》、東魏《とうぎ》、西魏《せいぎ》、北周《ほくしゅう》、北斉《ほくせい》など数多くの国があり、戦乱が続いた。その中、長城を築く国も多く、特に北斉という国は、合計一〇〇〇キロメートル以上の長城を築造した。

再び中国を統一した隋《ずい》王朝でも、やはり北方の防備を心配し、数百キロメートルの長城を築いた。

一方、中国の歴史上、長城を築いたのは漢民族王朝だけではない。前に話した北魏《ほくぎ》、東魏《とうぎ》、西魏《せいぎ》、北周《ほくしゅう》、北斉《ほくせい》はいずれも漢民族王朝ではなかった。非漢民族王朝が築いた長城で最も長いのは「金《きん》長城」である。金長城は、一二世紀ごろ中国北方の女真族が建てた金王朝がその北方で勃興した蒙古を防ぐために築いた「簡易版」の長城だ。あまりにも簡易すぎたためか、「界壕《かいごう》」とも呼ばれる。しかし、その長さは何と二五〇〇キロメートルを越えた。

数多くの長城の中でとりわけ有名なのは「万里の長城」である。

万里とは一万里の長さ。日本では、一里は約四キロメートルに換算されるが、中国の一里は五〇〇メートルに相当する。だから、万里の長城は一万キロメートル以上という意味ではなく、五〇〇〇キロメートル以上の長さだ。

実際には、中国歴史上、三つの万里の長城がある。

一つは「秦《しん》長城」という。最も古い万里の長城である。

秦長城は紀元前二二〇年ごろ、秦の始皇帝が中国を統一した後、築いたもの。ゼロから一万里まで築造したのではなく、戦国時代の秦《しん》、魏《ぎ》、趙《ちょう》、燕《えん》各国が北方に築いた長城をつないでさらに伸ばしたものだ。

もう一つは「漢長城」と呼ばれ、最も長い万里の長城だ。

漢長城は漢武帝《かんぶてい》時代の「作品」である。漢武帝は秦長城を修繕した上、さらにシルクロードの西側へ延長し、その全長は八〇〇〇キロメートルに及んだ。

三つ目は「明長城」である。最も頑丈な万里の長城といわれる。

秦《しん》長城も漢長城も、ほとんど土で作ったので、現在は痕跡だけが残っている。しかし明長城は、壁の両側と上部が青レンガを使ってがっちり築いたため、今もその姿がしっかりと残っている。観光者がイメージする万里の長城はまさにこの明長城である。

言い伝えによると、秦の始皇帝は最初、万里の長城を築くつもりはなかった。決心するきっかけは何と一枚の予言書だけだった。

秦の始皇帝は全国統一という夢が叶った後、新たな夢が浮かび上がった。

もし不老不死の仙薬を見つければ、それを飲んだ自分はいつまでも生き続け、いつまでも皇帝でいられるという夢だ。

実現するため、始皇帝は何人も「方士《ほうし》」という神仙術を行う人を派遣し、仙薬を探させた。日本にきたと伝えられている徐福《じょふく》はその一人であるが、盧生《ろせい》という方士もいた。

盧生は仙薬が見つからず、「仙書《せんしょ》」という仙人の予言書を手に入れ、それを始皇帝に献上した。

この予言書には、

「胡滅秦《こめつしん》」

と、三文字しか書かれていなかった。日本語に直すと、

「秦《しん》を滅ぼすのは胡《こ》だ」

という意味である。

さて、「胡」はだれなのか。

当時、中国人は匈奴《きょうど》をも含め、北方の異民族をひっくるめて「胡」と呼んでいた。人間の場合は「胡人《こじん》」といい、彼らが着ている民族衣装を「胡服《こふく》」と呼んだ。また、北方の異民族から伝来したものの名前も胡の字がつく。たとえば、「胡椒」、「胡麻」、「胡瓜」などなど。ちょうど北方の匈奴が強かったので、予言書に書いた「胡」は、ほぼ疑いなく北方の匈奴だと解読された。

この解読が大変なことをもたらした。

始皇帝は自分の秦王朝が胡に滅ぼされないよう、蒙恬《もうてん》という武将に三〇万の大軍を率いさせ、匈奴に先制攻撃をかけ、匈奴をより北のほうへ押し出した。

それでもやはり安心できず、さらに、万里の長城を築く命令を下した。

ところが、秦の始皇帝が亡くなってから明らかになったことだが、予言書に書いた「胡」についての解読が間違っていたようだ。その「胡」は北方の異民族ではなく、何と、始皇帝の息子の名前「胡亥《こがい》」の「胡」だったのだ。

残念ながら、始皇帝は死ぬまでその天機（天の真意）を知らなかった。

始皇帝は地方巡幸している途中で亡くなった。当時、始皇帝の長男扶蘇《ふそ》は北方防衛のため武将蒙恬と一緒に長城のふもとに行っていた。始皇帝の周りには宰相李斯《りし》、宦官趙高《かんがんちょうこう》および始皇帝の可愛がっている息子胡亥がいた。

死ぬ前、始皇帝は宰相李斯《りし》と宦官趙高《かんがんちょうこう》に遺言を残し、長男扶蘇《ふそ》を後継ぎとした。李斯も、事情を知っていた胡亥も、遺言の通りに従うつもりだったが、趙高だけが自分の将来のため悪意を生じた。

彼は扶蘇が正直で有能な人だと知っている。だから扶蘇が皇帝になったら、自分の得意なお世辞も効かないし、自分のいいなりにもならない。それどころか、扶蘇に好かれないタイプの自分が遅かれ早かれ失脚する運命になるに違いないと予感した。

一方、甘えん坊で育てられた胡亥は自分と仲がいいし、自分のいいなりになりそうな人間だ。もし彼が皇帝になれば、きっと自分に都合がいい。

そこまで読んだ趙高は、巧みに胡亥と李斯を説得し、始皇帝の遺言を勝手に改め、胡亥を皇帝の座に坐らせた。

この胡亥は中国歴史上の「秦《しん》二世」である。

胡亥は皇帝らしい資質がなかったようだ。皇帝になってもどうすべきかわからず、何でもかんでも宦官趙高に頼り、趙高のいいなりにする。結局、国がみるまに乱れ、わずか三年で劉邦と項羽に滅ぼされた。

つまり、予言書に書いたとおり、始皇帝が築いた「秦」王朝は息子「胡」亥の手で「滅んで」しまったのである。

2. 長城の涙に弱いところ

万里の長城について、中国の民間ではとても有名な伝説がある。

その伝説によると、始皇帝が全国を統一する前の時代、南方の松江府《しょうこうふ》つまり今の上海あたりに孟《もう》という裕福な家庭があった。

ある年、孟が自分の庭に植えた瓢箪《ひょうたん》の蔓が、隣の姜《きょう》の庭に入り、そこで大きな瓢箪を実らせた。

収穫の時期が来ると、孟は、

「瓢箪は姜さんの庭で育ったから、どうぞそれをお納めください」

と、何度も姜に声をかけた。

「とんでもありません。うちの庭で大きくなったとはいえ、物はそもそも孟さんのものだから、どうぞ持ち帰ってください」

姜はまったく瓢箪をもらう気持ちはなく、かえって孟の所有物を強調し続けている。譲り合っているうちに、

「このまま譲り続けていくと限《きり》がないから、この瓢箪を切って半々に分けましょう」

と、孟が提案し、二人は合意した。

ところが、その瓢箪《ひょうたん》を取って割ったとき、二人は驚いた。

何と、瓢箪の中から可愛い女児が出てきたのだ。

ちょうど孟夫婦は五〇歳近くなってまだ子供がいなかったので、

「自分の娘として育てるのはちょうどいいではありませんか」

と、姜《きょう》は孟に勧めた。

子供が欲しかった孟は、姜の好意を受け入れ、自分の娘として育て始めた。また、姜の気持ちに感謝するため、娘の名前に姜の苗字を入れて「孟姜女《もうきょうじょ》」と名づけた。

その後、十六年の歳月が経って、孟夫婦と姜一家に可愛がられて育った孟姜女は美しい娘に成長した。その美しさにあこがれ、求婚者が後を絶たないが、いい縁談までには至らなかった。

ある日、孟姜女が家の庭を散歩し、池のほとりを歩きながら、水面に映った自分の姿をしばらく眺めていた。そろそろ帰ろうと思った瞬間、前方の木の陰に隠れている男の姿が水面に映り、しかもちらちらとこちらを覗いている様子だった。

「どうしよう。どうしよう」

驚いた孟姜女はそのままの姿勢で、しばし自問自答し始めた。どういう目的の人かわからないので、騒いだら逃げるかもしれないし、側にだれもいないから襲われる可能性もある。やはり気づいていないふりをして帰って父に知らせる方がいい。

そう思った孟姜女は何気ない様子でゆっくりと部屋に戻って、すぐ父親に庭園に見知らぬ男がいることを話した。

話を聞いた孟《もう》はさっそく棒を持って庭園に行った。

殴られることを恐れ、その男はびくびくしながら木の陰から出てきて、孟の前に跪《ひざまず》いた。

「どうか殴らないでください。私は姑蘇《こそ》の出身で、労役を逃《のが》れるためこの辺りに逃げてきました。泥棒ではありません」

姑蘇は今の蘇州である。

始皇帝は全国を統一した後、自分の宮殿『阿房宮《あぼうきゅう》』、陵墓『驪山陵《りさんりょう》』および万里の長城を建設するため、各地から労役をたくさん強要した。苛酷な労働であるため、工事現場から逃げ出した人も多いし、行く前に逃げた人も多い。

そういう事情を知っている孟は、目の前に跪いた男の挙止を見て、確かに労役から逃げる書生と察した。

「名前は？」

「范喜良《はんきりょう》と申します」

「どうしてこの庭に入った？」

「申し訳ございません。昨夜、街頭を歩いているとき、なぜかわからないけれども、泥棒だと誤解され、追われました。もともと西も東もわからないものですから、慌てているうち壁を越えてこの庭に隠れたのです。普段はいつも本を読んで日々を送り、本当に悪い人間ではありません。どうか官府に送らないでください」

孟さんは范喜良《はんきりよう》が最後にいった言葉の意味がよくわかっていた。官府に送ると、労役を逃げる事実がばれてしまう。そうすると、ただ労役に行かせるだけではなく、重い処罰も受けなければならない。

書生に好感を持っている孟は、范喜良を官府に送るつもりはなかった。

「立ちなさい」

孟の柔らかくなった言葉を聞いて、范喜良は静かに立ちあがり、一礼した。

「この近くに、親戚や知人でもいるのか？」

「いいえ。ございません」

「じゃ、ここから出たらどうする？」

「……」

范喜良自分自身もどうしたらいいのかわからない。

范喜良の戸惑う様子を見て、孟がしばらく考えてからいった。

「そうか。行くところがないなら、しばらくわが家で隠れていなさい。家には、本はたくさんある。読みたい本がきっとあると思う」

身を寄せるところがない范喜良は、孟の決断を聞いて驚いた。この禍が幸いの第一歩になるとは夢にも思わなかった。

「ありがとうございます。恩人様。助かりました」

范喜良は再び孟の前に跪《ひざまず》き、心を込めてお礼をいった。

范喜良《はんきりよう》の幸いはこれだけではない。孟は彼のことをすっかり気に入り、まだ結婚していないことを知って、自分の娘孟姜女《もうきようじよ》を嫁にした。

ところが、幸いは禍をも呼んだ。

孟姜女と新婚の三日後、范喜良が新たに長城修築の労役に連れて行かれた。

孟姜女は悲しみながら三年を待ち続けた。范喜良は戻らないどころか、手紙すらなかった。

范喜良がどうなっているのか心配で孟姜女は不安になり、両親を説得し、夫の冬の服を用意して一人で長城へたずねに出かけた。

上海あたりから北京より北にあった万里の長城までの距離は一〇〇〇キロメートル以上あり、かなり長い旅だ。孟姜女は一路の辛労を耐えて、やっと長城のふもとにたどり着いた。

しかし、自分の夫がどこにいるのかをそこで働いている人たちにたずねると、知らないという返事ばかりだ。なぜなら、長城はあまりにも長くて、全国から数十万の労役がきていたからだ。そういう中から夫を探すことはなかなか容易ではない。

でも、せっかくここまでやってきたのだから、会えずに帰るわけにはいかない。孟姜女は気力をふり絞って、万里の長城に沿って歩きながら聞き続けて行く。

山海関《さんかいかん》のあたりに着くと、やっと同郷の人に会った。さっそく范喜良の所在を尋ねたが、同郷の人々はお互いに顔を見合せて、だれも口を切らない。孟姜女が再三聞いたので、一人の年長の人が悲しい口調で教えてくれた。

「范さんはすでに亡くなりました」

「亡《な》っ……」

孟姜女《もうきょうじょ》はこの一言を聞くと、言葉も出ず、まるで落雷を受けたかのようにへなへなとくずれて気絶した。

同郷人たちは慌てて彼女を呼び覚まし、長城にもたれて坐らせた。

「亡き骸は？」

孟姜女が呆然としつつ口を動かした。

「范さんの奥さんですか」

またさきほどの年長の人が、質問には答えず、彼女に尋ねた。

孟姜女は、表情を変えず、目線も動かぬままゆっくりうなずいた。

「そうですか。まあ、もうすんだことですから、落ち着いてお聞きください」

年長の人が口を開いた。

「実は、范さんはここの重労働に耐えきれず、過労で病気になり、二年前に亡くなったのです。ここでは、彼のように亡くなる人が多く、役人は死者に墓を建てることをさせず、みなこの長城の中に埋めてしまうのです。もうどうしようもないですから、奥さん、あきらめましょう。早く故郷にお帰りください。ここの冬はとても寒いですよ」

この言葉を聞いて、孟姜女はゆっくり長城に寄りかかっている体の向きを変え、長城に向かって跪《ひざまず》き、両手を伸ばして長城の壁に張り付いた。

涙が彼女の目から止めどなく流れ出した。

次第に泣き声も聞こえた。

極めて悲しい泣き声だ。

彼女は七昼夜も泣き続けた。

すると突然、長城の一ヵ所がガラガラという大きな音とともに崩れ、そこからたくさんの白骨が現れた。

この白骨の中にきっと范喜良《はんきりょう》の骨がある、と、孟姜女《もうきょうじょ》は確信した。

彼女は自分の髪に挿し込んだかんざしを右手で抜き、自分の左手の指を突き刺した。

鮮血が彼女の指から湧き出した。

昔の中国には、身内の骨に血をつけると、その血が骨に沁み込んでいく、という言い伝えがあった。だから彼女は、黙々と現われた白骨にそれぞれ自分の血をつけ、范喜良の骨を判別しながら一つ一つかき集め、ふろしきで包んだ。

ちょうどそのときである。

始皇帝が万里の長城を視察して山海関《さんかいかん》あたりにきていた。

一婦人が七昼夜泣き続け、長城の一ヵ所が泣き崩れたという報告を聞き、始皇帝は激怒した。

「何？　わが秦王朝をつぶす気か。即刻殺せ！」

命令を出した始皇帝はふと何かに気づいた様子で、

「待て。長城が涙で崩れるわけがない。お前たち、何かの責任逃れを企んでいるのではないか」

「とんでもございません」

現場監督の官僚は慌てて事情を一通り説明した。

「その女を連れてこい」

侍従が孟姜女《もうきょうじょ》を始皇帝の前に連れてきて、跪《ひざまず》かせた。

「長城はお前が泣いたため崩れたのか？」

「そうです」

「ならば、お前は死罪だ」

「好きなようにしてください」

「………」

話しているうち、始皇帝はこの婦人の美貌に気づいた。妾にしたら悪くないなと腹を決めると、始皇帝は口調を緩めた。

「お前の夫はもう死んだから、泣いても仕方がない。忘れるのだ。しかしお前はまだまだ若い。死ぬのはもったいない。では、こうしよう。朕の妃になれ。朕の妃になれば、死罪を赦《しゃ》免《めん》するとしよう」

孟姜女は黙って何もいわなかった。

「どうだ？」

しばらく経つと、始皇帝が問い詰めた。

「赦免をありがたく存じます。ただ、皇帝様の妃になるのには、三つの条件がございます」

「申してみよ」

「一つは、ここに散乱している死者の骨を手厚く埋葬していただきます」

「よかろう」

「もう一つは、葬式のとき、皇帝様自らにも出席していただきます」

「むむ……」

始皇帝が難色を見せた。

始皇帝は、葬儀用の服を着て官僚の葬式に出席したことすらなかった。今度、もし庶民の葬式に出れば、面目丸つぶれだ。だから始皇帝はなかなか首を縦には振らなかった。

しかし同意しないと、もう死んでもいいという覚悟をしている孟姜女《もうきょうじょ》が妃になることはない。まあ、とりあえず三つ目の条件も聞いてから判断しよう。そう思った始皇帝は二つ目の条件には答えず、次の条件を聞いた。

「もう一つ条件は何だ？」

「海岸から海の中に長い橋を建てていただきます」

「何に使うのだ？」

「夫の骨を海に投げるためでございます」

「なぜ墓を建てないのだ？」

「墓を建てると、墓参りしたくなりますから」

「なるほど。三つ目の条件は呑んでやろう。ただ、二つ目は……」

「彼らは秦王朝のため命を失いました。まるで戦場で戦死したも同然でございます。皇帝様は、彼らの魂を癒す必要があるのではありませんか」

と、躊躇している始皇帝に孟姜女《もうきょうじょ》がいい加えた。

なるほど、大義名分があり、美女も手に入るとあっては、一回ぐらいの面子はどうでもよい。そう思った始皇帝はとうとう孟姜女の条件を全て承諾した。

数日後、崩れた長城から出てきた死者の骨は手厚く埋葬され、葬式には始皇帝も出席した。

さらに数日後、海岸から海中に伸びる簡易な木の橋も出来上がった。

孟姜女は、范喜良《はんきりょう》の遺骨を抱いて一歩一歩ゆっくり橋の突き当たりまで歩き、そのまま海に飛び込んだ。

後ろについていった人たちが驚愕していると、海は急に荒くなり、高く立ちあがった波が橋に襲いかかってきた。人々は慌てて橋から海岸へと逃げたが、振り返って見ると、海中に伸ばした橋はすでになくなっていた。

今も、山海関《さんかいかん》のところに『孟姜女廟《もうきょうじょびょう》』があり、その近くの海中には孟姜女が投身した場所だといわれた礁石がある。

この孟姜女物語は、中国の四大民話の一つとして長い間言い伝えられ、展開の違う別バージョンもいくつかある。ここで述べたのはその中の一つにすぎない。

ちなみに、ほかの三大民話は『牛郎織女《ぎゅうろうしょくじょ》』、『白蛇伝《はくじゃでん》』と『梁祝《りょうしゅく》』である。

『牛郎織女』は日本人もよく知っている織姫と牽牛の七夕物語であり、『白蛇伝』は上海近くの杭州を舞台にした白蛇の妖精と書生の恋物語だ。また、『梁祝』は中国版の『ロミオとジュリエット』だといわれている。具体的な内容については、長城と関係ないため、ほかの機会にゆずろう。

さて、話は孟姜女《もうきょうじょ》に戻るが、この物語はあくまでも伝説である。実際に長城が涙で崩れることはもちろんあり得ないし、たとえできるとしても、その涙に弱い長城の場所はけっして山海関《さんかいかん》あたりではない。

なぜなら、始皇帝時代の万里長城は山海関よりはるか北のところに築いたが、山海関あたりまでは至らなかったのだ。山海関あたりの長城は、始皇帝が死んでから五〇〇年後の北斉《ほくせい》時代になって初めて築かれた。それに、そこが万里長城の一部となって、万里長城の関門の一つとなるのは明王朝の時代になってからのことだからだ。

3. 長城代わりの涙

秦王朝が滅亡した後、劉邦と項羽の天下を争う戦いが続いた。

この間、北方の匈奴《きょうど》が強くなり、かつて秦王朝の武将蒙恬《もうてん》に取られた地域を全部奪還した上、さらに南に進入した。だからこのとき、秦王朝が苦労して築いた万里の長城はすでに役に立たなくなっていた。

前漢王朝の初期、匈奴は繰り返し漢王朝の領域に侵入した。反撃のため、皇帝になった劉邦が自ら大軍を率いて匈奴を攻撃することもあったが、七日間も包囲され、命を落とすところだった。

その後、漢王朝は匈奴の威力を恐れ、和親政策を取り、数代も続けて皇女または宗室の娘を皇女として匈奴王に嫁がせた。そのほか、酒、食物、布なども毎年大量に匈奴に納めた。漢王朝の皇女は、豪華な宮廷生活に慣れているので、喜んで遠い草原へ嫁いで行きたがるわけではない。しかし親の命令だから、泣きながら行くしかないのだ。

何と悲しいことであろう。万里長城の代わりに、皇女の涙が王朝の安寧を守っている。漢民族に君臨する漢王朝の皇帝は、自分の娘の涙を借りないと匈奴から王朝を守りきれないのだ。

この状況は漢の武帝の時代に一変した。

漢武帝《かんぶてい》の姉は、父親である漢景帝《かんけいてい》の命令に従って匈奴に嫁いだ。そのことに辱めを感じたのか、漢武帝は武将衛青《えいせい》と霍去病《かくきょへい》を中心とした騎馬軍団を作り、匈奴と戦争を長年にわたって繰り返した。

その結果、匈奴をはるか北方に敗走させ、日本人によく知られているシルクロードを開拓した。その後、漢武帝は秦の長城を修復した上、さらにシルクロードに沿って長城を西側へ延長し、全長八〇〇〇キロメートルほどの長い長城を築いた。

漢武帝《かんぶてい》が亡くなった後、漢王朝と匈奴の闘いはしばらく続いていたが、万里の長城に侵入されたケースは少なかった。長城が役に立ったといえるかもしれない。

一方、和親政策も真の友好関係に基づいて行っていた。とりわけ有名なのは美女王昭君《おうしょうくん》の話である。

漢元帝《かんげんてい》の時代、皇帝は民間から多数の美女を選び、後宮に入れた。王昭君もその中の一人だ。

当時、カメラなどない時代、皇帝が新たに後宮に入った美女を一人一人チェックする習慣もなかったらしい。その代わりに、絵師に全ての美女の絵を描かせ、皇帝に呈上させた。美女の中には、皇帝の目を引くため自分をより美しく描いてもらおうとする者が多く、よく絵師に賄賂を贈ったそうだ。しかし王昭君は、賄賂を贈らなかったため、彼女の絵を描く絵師、毛延寿《もうえんじゅ》の不満を買った。

しかし不満があるとはいえ、敢えて他人のように描くこともできない。万が一ばれたら死罪になるからだ。そのためか、毛延寿の不満は高じて恨みとなり、ついには悪行をしでかすにいたった。

彼は、可能な範囲で王昭君を実物よりも醜《みにく》く描き、ひそかにその頬の一ヵ所に墨が垂れたようにホクロまでつけたそうだ。このホクロの箇所が致命的である。

中国では、「涙痣《るいし》」という迷信の説がある。目の真下にあったホクロを涙痣といい、涙痣のある女性は夫に不幸をもたらすという説だ。
漢元帝《かんげんてい》はこのホクロが気になったのか、ずっと王昭君《おうしょうくん》を身辺に呼ばなかった。ほかの呼ばれなかった美女と同じ、王昭君は軟禁されたように宮廷の目立たない一ヵ所で無為な日々を送っていた。衣食には困らないけれど、皇帝の女の「予備軍」だから、外にも出られないし、もちろん実家へも帰れない。

ちょうどその時期、匈奴は内部紛争があり、匈奴王が分立する状態になった。中でも呼韓《こかん》邪《や》という匈奴王が積極的に漢王朝と友好関係を結ぼうとして、漢王朝皇帝の婿になった上に漢王朝の兵士の代わりに万里長城の守備まで担いたいという要請があった。

漢元帝は匈奴との友好関係と国境安全を考慮して、長城守備の要請を断ったが、求婚には応じた。しかし本物の皇女を嫁がせたくないためか、宮中で、嫁候補になる女性を養女として募集したそうだ。

宮中では、鳥かごの中で暮らしているような女性は少なくない。だから、宮廷の退屈な日々を離れて普通の生活を送りたいと思う女性が大勢いた。しかし故郷を離れ、はるか遠くの生活習慣も違う草原に行くとなると、話はまた別になってしまう。だから、自ら行きたがる女性はなかなかいない。

結局、応募したのは一人だけ。王昭君である。

漢元帝は、王昭君がどんな女性かは知らなかったが、とにかく快諾した。志願者があっただけでも、とにかく助かった、と思った。また、どうせ自分がすでに選んだ後に残った女だから、それほどの器量でもないのだろう、とも思っていた。

匈奴へ嫁に行く日がきた。

送別の場で、漢元帝《かんげんてい》は養女になった花嫁王昭君《おうしょうくん》の姿を初めて目にした。

漢元帝は驚いた。宮中にこんなに美しい女性がいるのをなぜ自分が知らなかったのだろう、と。

しかし出発寸前だから、婿になった匈奴王呼韓邪《こかんや》もそばにいるし、もうどうすることもできない既成事実となってしまった。

漢元帝は、惜しい気持ちを抑えながら呼韓邪と王昭君を見送った後、すぐ絵師が呈上した美女の絵を捜し出してめくり始めた。

王昭君の絵があった。でも、実物ほど美しく描かれていない上に、不吉なホクロまでつけられていた。漢元帝は、このとき初めて絵師毛延寿《もうえんじゅ》に騙されたことに気づいたのである。

賄賂をむさぼる絵師毛延寿の結末はもう想像つくだろう。彼は当然のことながら皇帝を騙した罪で殺された。

一方、美女王昭君は、匈奴王呼韓邪と一緒に匈奴へ行って、漢王朝と匈奴の友好関係に大きく貢献した。彼女は漢王朝の文化や農耕を匈奴に伝え、呼韓邪に戦争を起こさないように勧め、万里長城以上の役割を果たした。

呼韓邪が亡くなった後、彼女は匈奴の風習に従い、次の匈奴王つまり呼韓邪の先妻の息子に嫁ぎ、死ぬまで二度と漢王朝の土を踏まなかった。彼女のおかげで、漢王朝と匈奴は六〇年間戦争がなかったのである。

今、内蒙古自治区の首府フフホト市の郊外に彼女の墓が残っている。一つの丘ほどの大きさだ。言い伝えによると、秋になると、周りの草はみな枯れていくが、この「丘」の草だけは青くて枯れない。だから、「青塚」と呼ばれている。

さて、絵師を殺してしまうほど皇帝に悔しい想いをさせた王昭君《おうしょうくん》とは、一体どれほど美しい女性であったのだろう。できれば、ぜひ一目拝見したいものだ、と誰もが思う。

しかし、残念ながら、二〇〇〇年前の人だから、写真はない。絵師毛延寿《もうえんじゅ》が描いた絵は、もしかするとどこかに残っているかもしれないが、まともに描いたものではないので当てにはならない。だから、想像に任せるしかないのだ。

中国の民間には、想像のヒントとして、言い伝えが残されている。

それによると、王昭君が匈奴へ行く途中、いつも「一」の字や「人」の字の列になって空を飛んでいる雁《がん》という鳥が、王昭君の美しさに魅了され、夢中になって見ているうち飛ぶことを忘れて、ばたばた空からみな落ちてしまったという。だから、王昭君は「落雁《らくがん》」というあだ名を世間に残したのである。

つまり、第一のヒントは、「落雁ほどの美しさ」である。

また、中国歴史上に四大美女という説がある。王昭君はその四大美女の一人に数えられている。ちなみに、ほかの三人は、春秋時代の越《えつ》の国の「西施《せいし》」、小説『三国志』の武将呂布《りょふ》の妻「貂蝉《ちょうせん》」、および唐の「楊貴妃」である。

話は万里長城に戻ろう。

万里の長城を築いたのは男たちである。しかし女の涙とのかかわりが深いようだ。

秦の万里長城は、実際に女の涙に泣き崩されたことはなかったとはいえ、自分の涙でその長城を泣き崩したいと思っていた女性が大勢いたに違いない。なぜなら、長城建設のため、彼女たちの大切な肉親の命が奪われたからだ。

一方、漢の万里長城は女たちの涙を借りて補強された。女の涙がその長城の一部になっていたといっても過言ではないだろう。

いずれにしても、とても悲しいことだ。

4. 守りの工夫

匈奴は紀元四世紀、つまり中国の南北朝時代まで北方に存在した。

その後、一部は漢民族と同化し、また一部はヨーロッパのハンガリー、フィンランドあたりに遷移したらしい。

そのあたりに留学した現代の中国人留学生が、住民から、

「二〇〇〇年前、われわれの先祖たちはお隣だったね」

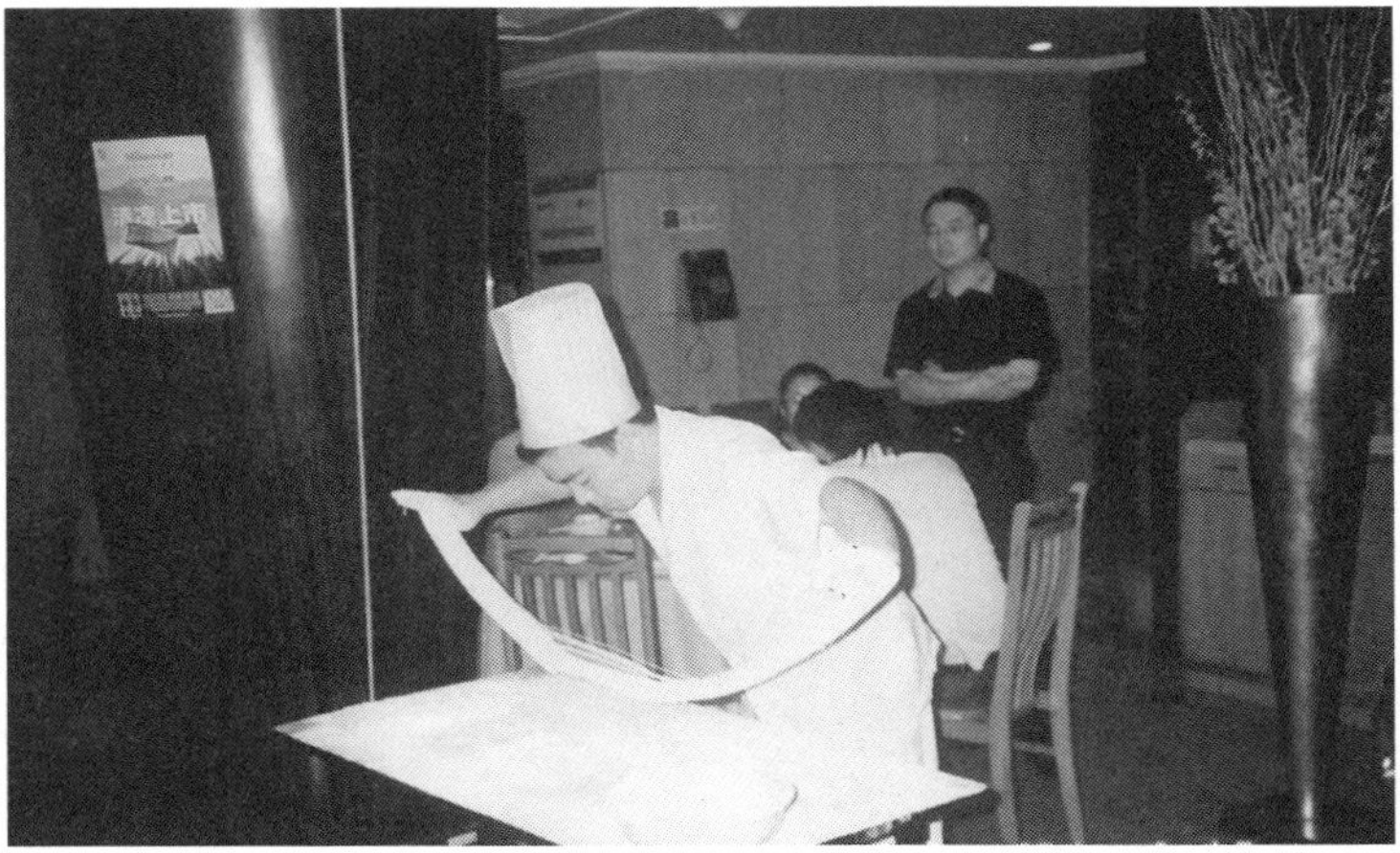

「拉麵」の実演

といわれることもある。

北方には匈奴がいなくなったとはいえ、だれもいないというわけではない。鮮卑《せんぴ》、突厥《とっけつ》など遊牧民族がそれぞれ強くなった時期もある。とりわけ有名なのはジンギス汗の代で強くなった蒙古民族である。

彼らはユーラシア大陸を征服し、中国で元王朝を立てた。

元王朝の統治は、一〇〇年余りの歴史があったが、漢民族の反乱を起こさないよう、いろいろな策を出した。その一つが、武器を持たせないようにと、一〇世帯に一本の包丁しか使わせないことだった。

中華料理を作る場合、包丁は欠かせない。一〇世帯でたった一本の包丁を順番に使わせるのはかなり不便だっただろう。特に今の山西省《さんせいしょう》、甘粛《かんしょく》省《しょう》、陝西省《せんせいしょう》あたりには、麺類が主食であり、順番に包丁を待っていると食事ができなくなってしま

「刀削麺」の実演

う。そういう不便さを乗り越えるため、そのあたりの住民は包丁を使わないさまざまな麺の食べ方を考案した。

とりわけよく知られているのは、日本のテレビ番組でも何度か紹介された中国の「拉麺」と「刀削麺《ダオーシヨウメン》」である。

中国の「拉麺」は、包丁を使わず、両手でこねた小麦粉のかたまりを両側に引き伸ばして折りたたみ、伸ばして折りたたみというように何回も繰り返して作る。この手法で作った「拉麺」は日本のそうめんよりも細くできるから、驚きである。

一方、「刀削麺《ダオーシヨウメン》」は「刀」の字がついているものの、実際には包丁もナイフも一切使わない。使ったのは薄い鉄の板だけである。

刀削麺《ダオーシヨウメン》を作るときは、こねた小麦粉を太い棒状にして片手で持ち、もう一方の手は薄い鉄の板を握ってそのこねた小麦粉を削って湯に落とす。また、こねた小麦粉を頭上に載せ、両手にそれぞれ薄い鉄の板を握って、リズムよく小麦粉を湯に削り落とすパフォーマンスを見せる達人もいる。

拉麺も刀削麺《ダオーシヨウメン》も、今はすでに麺類の食べ方の一つとして定着している。しかし元王朝当時から見ると、確かに包丁使用の不便さは乗り越えたが、その背景にある人々の反抗意識は、間違いなく増大する一方であった。その結果、元王朝は農民の反乱によって滅ぼされた。新しくできた王朝は、牛飼い出身の朱元璋《しゅげんしょう》を皇帝とした明王朝だった。

明王朝が最も恐れていたのは、蒙古軍の再襲来である。だから、元王朝の統治者を北方に追い出すと、さっそく万里の長城を築き始めた。長い年月をかけて、出来上がったのは六〇〇〇キロメートルほどの長さの明の万里長城である。漢王朝の万里長城から数えて一五〇〇年ぶり、三度目の万里長城を築いたのである。

明の万里長城はがっちりと築かれた。

長城の真ん中には砂利と土を充填し、外側は一個一〇キログラムほどの大きな青レンガで覆った。セメントのない時代だから、レンガとレンガ間のつなぎは石灰を使った。さらに、石灰の粘着力をより一層強くするために、米やもち米の汁を石灰の中に混ぜ込んだといわれている。そのおかげで、六〇〇年の歳月を経た今でも、その姿が残っている。

万里の長城には、数キロメートルおきに烽火台《のろしだい》が造られていた。敵の動きを高所から監視し、敵侵入の警報を後方に伝える発信地にもなっている。

敵がきたとき、昼なら烽火台から煙をおこし、夜になると炎をおこす。

古い時代だから、インターネット、ファックス、電話、電報はもちろん、飛行機、列車、自動車もなかった。緊急時の遠距離通信の手段は主に二つ。一つは駅伝による伝達伝送。もう一つは烽火台の煙や炎による知らせだ。

当時の駅伝は、今日本で盛んに行われている陸上競技の駅伝競走と似ている。

ただ、走るのは人間ではなく、馬だった。

伝送者たちが速い馬に乗って、交代で「駅」と「駅」の間を走り、仕事上の命令書や手紙、またはほかの品物をすばやく「伝送」する。だから、「駅伝」という。

ここでいう「駅」は、列車の停車駅という意味ではない。当時、「駅」という言葉は伝送者が交代したり、馬を乗り換えたり、休憩または宿泊したりする場所だった。

駅伝について、最も有名な話は、楊貴妃に果物のライチを運ぶことである。

ライチは楊貴妃の大好物だ。

しかしライチはりんごのように保存が効く果物ではない。まして楊貴妃が生きていた唐の時代は冷凍設備のなかった時代なので、どんなに好きだといっても、今のように一年中いつでも食べられるものではなかった。

その上、ライチの産地は中国の広東省あたりにあり、楊貴妃が暮らしていた唐の首都長安つまり現在の西安から一〇〇〇キロメートル以上も離れている。ゆえに、ライチはなおさら珍味だと思われていた。当時の楊貴妃は、きっと頸を長くしてライチの収穫季節を待ち望んでいたに違いない。

楊貴妃の望みは、彼女を寵愛していた唐玄宗《とうげんそう》皇帝がかなえた。

唐玄宗皇帝は、楊貴妃を遠い産地まで連れて行くことはしなかったが、代わりに最も新鮮なライチを食べさせるため、わざわざ公文書などを伝送するための駅伝を使って長安にライチを送らせた。

運ぶとき、最初の騎手が産地から採りたてのライチを運搬用のかごに納め、すぐ馬に乗って長安へ走る。数十キロメートル先、最初の騎手の到着時刻を推測して、二番目の騎手がすでに馬に乗って待機している。このように、途中では馬と騎手が何度も交代したが、ライチを納めたかごだけは長安の宮殿まで昼夜止まらず移動し続けた。

当時はこうした馬の駅伝が物を運ぶ最速の方法だった。ライチの運び方だけでも、どれほど楊貴妃が寵愛されたかが窺《うかが》えるだろう。

もし物を運ぶのではなく、情報だけを伝達するのなら、光速を生かす烽火がもっと速い。だから万里の長城には、何ヵ所も烽火台《のろしだい》が設置された。

中国における烽火台の歴史は、少なくとも二八〇〇年ほど前の西周王朝の末期にまでさかのぼる。中国歴史上、烽火台にまつわるある美女の話が伝えられているからである。

西周王朝の末期、周幽王《しゅうゆうおう》という帝王がいた。彼はあまり賢明な君主ではなかった。

あるとき、褒《ほう》という城のある正直な官僚が、幽王に諫言したが、幽王が聞き入れないばかりか、かえってその官僚を牢屋に入れてしまった。

父親を救出するため、その官僚の息子は一人の絶世の美女を見つけ、幽王に献上して自分の父親を釈放してもらった。この美女は褒姒《ほうじ》と呼ばれる。

もともと好色な幽王は褒姒の美貌をたいそう気に入り、飽きもせず寵愛した。その後、褒姒が息子を生んだ。幽王はもとの王后と太子を免じて、褒姒と褒姒が生んだ息子を王后と太子に立てた。

これほど褒姒を大事にしていた幽王だが、一つだけ残念なことがあった。彼は褒姒の笑顔を一度も見たことがなかったのである。

「なぜ笑わないのだ?」

幽王は幾度となく褒姒に聞いた。

「もともと笑うことが好きではありませんから」

と、褒姒の返事はいつも同じだ。

笑うときはもっと美しいに違いない。そう思った幽王がいろいろな手を尽くして彼女を笑わせようと努力した。しかし全て失敗に終わった。

どうしても諦めきれない幽王は、笑わせる方法に黄金千両の懸賞までつけた。提案者の中で、虢石父《かくせきほ》という諂《へつら》いの得意な閣僚が「妙案」を出した。

その「妙案」とは、烽火台《のろしだい》で煙をおこすことだ。

西周王朝の統治は、江戸時代に日本が藩に分けていたのと似ていて、中央王朝のほかに、藩のような諸侯国があり、藩主に当たる諸侯は王朝に義務を果たしながら自分の領地を治めた。

当時、西周王朝の首都は、いまの西安の近くにあり、その西北側には西戎《せいじゅう》という西周王朝に所属しない部族があった。西戎の侵入を防御するため、先代の帝王が首都郊外の驪山《りざん》に烽火台を設置した。これは、侵入があった場合、烽火台で煙や炎をおこし、近くの諸侯国がその知らせを受けてからすばやく出兵して王朝首都の守備を増援するというシステムだった。

幽王《ゆうおう》が虢石父の「妙案」を受け入れ、褒姒《ほうじ》を連れて驪山を登り、山頂で豪華な宴会を催し、音楽と飲食を楽しみながら烽火をおこした。

周辺の諸侯は烽火の知らせを受け、すぐ軍を率いてそれぞれの国から驪山に駆けつけたが、どこにも敵がいなかった。混乱している中、山頂から幽王の思し召しを伝えてきた。

「わざわざ遠いところから駆けつけてきてご苦労だった。外敵の侵入はなかったので、みな戻ってよい」

このときになって、諸侯の軍隊は初めて騙されたことがわかった。もう用がないから、ぶつぶつ文句をいいながら帰るしかないのだ。

山頂で幽王と一緒に楽しんでいる褒姒も、このとき初めて種明かしされた。ばかばかしく駆けつけてきた軍隊の動きと幽王のばかばかしいアイデアに、褒姒が思わずせせら笑いをした。

でも、せせら笑いであれ、歓喜の笑いであれ、笑いは笑いだ。幽王《ゆうおう》は満足し、虢石父《かくせきほ》も千両の黄金を手に入れた。

おかげで、中国語の四字熟語も二つ増えた。一つは「美女の笑いを得がたい」を表現するときの「千金一笑《せんきんいっしょう》」であり、もう一つは「美女の喜びを求めるために金銭を惜しまない」をたとえるときの「千金買笑《せんきんばいしょう》」である。

一方、褒姒《ほうじ》の笑いが西周王朝の滅亡をもたらした。

数年後、幽王に免じられた王后の一族が西戎《せいじゅう》の軍勢を借りて首都を包囲したのだ。危機を感じた幽王は急いで烽火をおこすよう命じた。しかし、烽火はおこしたが、また例のことかと思われ、助けにくる諸侯の軍はなかった。

結局、西周王朝の首都が西戎に攻め落とされ、幽王も虢石父も褒姒の息子もみな西戎に殺された。褒姒も西戎に捕らえられ、後に自殺したそうだ。

西周王朝はこれで終止符が打たれた。

その後、幽王の息子、つまりもとの太子が周平王《しゅうへいおう》として即位した。ところが、うまい汁を吸った西戎がその後も頻繁に侵入したため、やむを得ず首都を今の洛陽に遷した。歴史上、洛陽を首都とした周王朝を東周王朝と呼ぶ。

さて、話は烽火に戻ろう。

周幽王《しゅうゆうおう》が褒姒の笑いを見るためにおこした烽火は、いったい煙なのかそれとも炎なのか、今では知るよしがない。ただ、昼なら炎より煙が遠くから見えるので煙をおこすだろう。夜になると、煙は見えなくなるからきっと炎をおこすに違いない。いずれも、諸侯国の軍隊が駆けつけてきたので、通信の役割を果たしたのは確かだ。

　明王朝の時代では、烽火通信にきちんとした規定があった。敵がきた場合、煙または炎の烽火をおこすほかに、音を出すため合図の大砲も鳴らす。それに、ただ敵がきたかどうかだけではなく、敵の数まで烽火と大砲で後方に知らせる。

　規定は五段階に分けた。

　敵が一〇〇人以下なら、烽火を一本立てて、合図の大砲を一回鳴らす。敵が五〇〇人程度なら二本の烽火と二回の発砲、一〇〇〇人以上なら三本烽火と三回の発砲、五〇〇〇人程度なら四本烽火と四回の発砲、万人以上の場合は最高級の五本烽火と五回の発砲である。

　これにより、おおざっぱとはいえ、烽火通信によって、より多い情報を後方に伝えられ、対応の把握がしやすくなる。

　しかしこのように細かいルールを創り出しても、実行上の工夫が必要である。

　発砲の回数は聞こえる範囲内では簡単に数えられ、炎の数も夜だから遠いところから数えることができる。問題は煙だ。煙は上方に昇りながら拡散していく。強い風に当たらなくても、煙が上方で混ぜ込んでしまい、何本煙が立てられているのかは、遠いところから数えられなくなるのだ。

　問題を解決するため、当時の烽火台《のろしだい》を守備する人たちは乾かした狼の糞を集め、それを燃やしたそうだ。なぜそうするかというと、狼の糞なら燃やした場合、煙がまっすぐ上方に昇り、なかなか拡散しないからだといわれる。だから烽火は「狼煙《のろし》」とも呼ばれる。

5. 長城の名所

現在、観光者が目にする万里の長城は明の長城だけである。秦と漢の万里の長城はもう残骸しか残っていない。

明の城も、かつては、敦煌《とんこう》の東三〇〇キロほど離れた嘉峪関《かようかん》から、北朝鮮との国境となっている鴨緑江《おうりよくこう》まで蜿蜒《えんえん》と続いていたが、いま形として残っているのは北京の東三〇〇キロほど離れた山海関《さんかいかん》までだけだ。

だから、西側の嘉峪関と東側の山海関は、現存する長城の両端としてよく観光者が訪ねる名所となっている。ほかの万里の長城の観光地はほとんど北京周辺に集中しているが、そのうちよく知られているのは居庸関《きよようかん》、八達嶺《はつたつれい》、慕田峪《ぼでんよく》、司馬台《しばだい》と金山嶺《きんざんれい》である。

地理的には、北京を含む河北平原と北方の蒙古高原の間は二つの山脈で分断されている。太行《たいこう》山脈と燕山《えんざん》山脈である。北京の北方に位置するこの山脈には、一カ所だけ蒙古高原から山を越えずとも河北平原に通じる二〇キロほどの長さの谷間通路があり、「関溝《かんこう》」と呼ばれている。

この通路さえ守れれば、北方から北京に入る道が遮断できたのだ。だから、漢の時代からこの通路に関門が設けられ、南北朝の時代にはこの関門が北魏《ほくぎ》長城とつながれ、長城の一つの関門となった。さらに明王朝に入ると、この関門は万里の長城に組み入れられ、改めて建て直された。この軍事的に極めて重要な関門は「居庸関《きょようかん》」という。

いま、居庸関は明王朝時代の建築がそのまま保存されている。

関門の中心部には元王朝が残した、白い大理石で築いた台があり、「雲台《うんだい》」と呼ばれる。この台は二〇メートル以上の幅を持ち、一〇メートルほどの高さがある。かつて台の上には三基のラマ塔が立てられていたそうだ。台の下方には、パリの凱旋門のようにアーチがあり、その壁には仏教の四天王や、動物の象や獅子など元王朝時代の芸術性の高さを反映した彫刻がそのまま残っている。

さらに、アーチの壁にはサンスクリット語、チベット語、蒙古語、ウイグル語、漢語および西夏語の六種の文字で刻んだ仏典もあり、古代文字を研究する人にとっては宝のような存在である。

明王朝の統治者は、居庸関だけでは北方の蒙古から安全を守りきれないと思っていたようで、関溝に沿って居庸関の北一〇キロメートル先の「八達嶺《はったつれい》」にさらに関門を設け、二重のガードをした。

八達嶺のところからは南、北、西に、全部で八つの方向へ行けるそうだ。熟語でいうと「四通八達」である。だから八達嶺という名前が付けられた。ところが、民間ではこの名前の由来について、別の言い伝えが残っている。

その言い伝えによると、八達嶺《はったつれい》の長城は秦の始皇帝の時代に築かれたという。八達嶺あたりの山は険しくて長城を築きにくい。だから工事の進展も遅かった。そこで始皇帝は、宰相の李斯《りし》を派遣し、八達嶺長城工事の総監督をさせた。

現地に着いた李斯にもなかなかいい方法が見つけられない。ある晩、李斯が珍しい夢を見た。夢の中で、ある剣を背負っている仙人が現れ、彼に工事を順調に進めるための八つの方法を教えた。

李斯はその八つの方法を使って、八カ月で工事を完成させた。また、その工事中で八人の現場監督が亡くなったそうだ。だから、そのあたりは八達嶺と呼ばれた。

しかし実際のところ、秦の万里長城は、八達嶺付近を通ってはいない。つまり、この伝説は事実無根の与太話なのである。

明王朝の時代が初めて築いたこの八達嶺長城は、東門と西門の二つの関門がある。東門の上に「居庸外鎮《きょようがいちん》」と書かれた東門の外側には、大きな石が一つあり、「望京石《ぼうけいせき》」の三文字が刻まれている。ここも伝説に残った箇所である。

伝説によると、清王朝の末期、八国連合軍が北京に入ったとき、西太后は光緒帝《こうしょてい》を連れてこの八達嶺を通って西安に逃げた。そのとき、西太后がこの大きな石の上に立ってしばらく北京を眺めたそうだ。だからこの石が望京石と名づけられた。

八達嶺長城は北京市内から約七五キロメートル離れている。果たしてこの石の上から本当に北京が見えるのか、実際に試さないとわからない。もし行く機会があったら、ぜひその真否を検証してみてください。

望京石といえば、司馬台《しばだい》長城のところにまた「望京楼《ぼうけいろう》」という高所の敵台がある。

この敵台は「老虎山《ろうこさん》」、日本語に直すと「虎山」という山の山頂にあり、海抜九八六メートルである。その上からは本当に一二〇キロメートルも離れた北京の輪郭が見えるそうだ。現地の人によると、寝袋を持参して登る観光者がおり、夜になってそこから北京市内の灯火を観賞する。

ただ、望京楼は極めて険しいところに建っていて、その険しさについては、神話が残されているほどである。

それによると、望京楼は倭寇《わこう》との闘いで有名になった戚継光《せきけいこう》という明王朝の将軍が兵士たちを連れて築いたという。虎山は険しく、長城を築くための大きな石材を山頂に運ぶことは大変困難なことだった。石材を運ぶために怪我した人も多く、工事の進展も、石材運搬が間に合わないことに影響され、なかなか前に進まない。

このことは天帝の知るところとなった。

天帝は戚継光を助けるために、「二郎神《じろうしん》」という天上の神を望京楼の工事現場へ派遣し、

「その大きな石材を山頂に運べ」

と、命じた。

中国の古典小説『西遊記』を読んだことがある人ならきっと記憶に残っていると思うが、

『西遊記』小説中の二郎神

二郎神《じろうしん》はその小説の中で孫悟空と戦った神様の一人であり、孫悟空に負けないほどのパワーを持つ神様だ。

二郎神が望京楼《ぼうけいろう》の工事現場についたときは、ちょうど夜だった。昼間の築城工事で疲れた兵士たちは、みな兵舎に戻って寝ている。彼は、手に持っている刀を軽く振り動かしながら、

「変われ！」

というと、刀が長い鞭に変わった。

彼はさらに、

「変われ！　変われ！」

といいながらこの鞭で山のふもとに積んでおいた石材をひっぱたくと、その石材はみなヤギに変わった。

ヤギたちは険しい山道を沿って虎山の山頂まで登り、そこでまた二郎神の、

「変われ！」

という一言で、みな石材の姿に戻った。

二郎神は、その石材の数を数えてちょうど足りる程度になり、帰ろうかなあと思ったとき、

その姿を、たまたま近くのすでに築き上げた敵台からトイレに出た兵士に見られてしまった。その兵士はびっくりして、大声で叫んだ。二郎神も突然の叫び声を聞いてびくっとした。見られたくないので急いで去っていったが、不注意ですでに山頂に運んだ石材を蹴り、いくつかの石材はそのせいで山間に転落してしまったのだ。

だから今も、山間にその転落した石材が残っている。望京楼《ぼうけいろう》の足りない分はほかの石を替わりに使ったそうだ。

一方、二郎神の姿を目撃した兵士が守備していた敵台は「仙女楼《せんにょろう》」という。司馬台《しばだい》長城の最も高い敵台は望京楼であるが、最も美しい敵台はこの仙女楼である。仙女楼の中にはきれいな造形だけではなく、門の石柱に蓮の花や桃など精巧な彫刻もある。仙女楼の中で歌を歌うと、こだまが音質よく聞こえてくる。

この仙女楼にも神話伝説が言い伝えられている。

その伝説によると、昔、天の世界だけは蓮の花があり、人間の世界にはなかった。ある年、天の川の蓮が実を結ぶ時期、強い風が、蓮の実を人間世界に吹き落とし、そのうちの一粒が虎山付近の渓流に落ちた。すると、渓流から一株の蓮が生え、蓮の花が咲き続けた。

この蓮の花は数百年も咲き続け、ついに精霊に化け、美しい蓮花仙女になった。

本来、蓮花仙女は天上からきたので、仙女の姿になったら天上に帰らなければならない。

ところが、蓮花仙女は虎山近くの美しい景色と雄大な長城にすっかり魅了され、敢えて天上には戻らず、最も美しい敵台を選んで中に住みついた。その敵台が仙女楼《せんにょろう》である。

ある日、虎山ふもとのある村のごろつきが二人、仙女楼に登ってきた。

彼らは仙女楼に蓮花と桃がきれいに刻まれた石柱があると聞き、わざわざ工具を持参し、それを取り外して売ろうと思って登ってきたのだ。

ちょうど事に及ぼうとしたとき、羊飼いの牧郎《ぼくろう》という青年に見られてしまった。

両親が亡くなり、一人ぼっちで暮らしている牧郎は、とても心がやさしくて端正な顔立ちをした人だ。彼は、多くの人が苦労して築いた長城を大事にしており、いつも長城のレンガを取り外して家に持ち帰ろうとする人を説得し、阻止していた。

当然、ごろつき二人の行動も牧郎に阻止された。

その二人は牧郎の阻止に怒り、工具を使って牧郎を血だるまになるまで殴った。それでも、牧郎は二人には石柱に触れさせない。

ごろつきたちに殺意が芽生えた。彼らは牧郎を断崖のところに引っ張って行き、下へ突き落とそうとした。そのとき突然、強風が吹き荒れ、二人のごろつきが断崖の下へと吹き飛ばされ、牧郎だけが無事だった。

牧郎は、恐らく仙女楼がおこした神風で一命を取り留めたと思い、その後しばしば仙女楼に入り、跪《ひざまず》いて拝謝した。

ある日、牧郎はまたいつも通り仙女楼に入って拝謝したが、突然、四面の壁から女性のきれいな声が響いてきた。

「牧郎《ぼくろう》さん、感謝すべきなのはこちらのほうですよ」

その突然の声に牧郎は驚いた。

あたりを見まわすと、いつのまにか背後に美しい女性がたたずんでいた。

蓮花仙女だ。でも、牧郎とは初対面である。

「あなたは……？」

「蓮花といいます。この仙女楼《せんにょろう》に住んでいるのです」

「え？　この仙女楼に？」

牧郎は見慣れていた空っぽの仙女楼をもう一度見まわした。

ここにはいつもと変わらず人が住んでいる気配がない。もちろん暮らしに欠かせない家具や炊事道具、布団なども見当たらなかった。

「本当ですか。どうやってここで暮らしているんですか。食事は？　そもそもどうして私の名前を知っているのですか」

牧郎の一連の質問に、蓮花仙女が神秘的な微笑みだけを見せ、何も答えなかった。その代わりに、

「あなたのおかげで仙女楼が壊されずにすみましたから、こちらが感謝しなければならないんです。本当にありがとうございました」

といいながら、感謝のお辞儀をした。

「い、いいえ。とんでもありません。あのー、えっ？ ま、まさか！」

不思議に思った牧郎《ぼくろう》は慌てて答礼をしたとき、ふっと何かに気づいたようだ。もしかして、目の前の彼女が村人に言い伝えられている蓮花仙女ではないのか？

「はい、そのまさかです」

牧郎のいい出さなかった考えを蓮花仙女が読み取った。彼女は穏やかに微笑みながら牧郎にそう告げた。

実は、蓮花仙女はずっと前から牧郎のことを知り、この誠実で心優しい青年のことが好きになったのだ。牧郎の命を助けた突風も、蓮花仙女の仕業だった。

こういう出会いをきっかけに二人は恋に落ちた。

後に、二人は愛し合う夫婦となり、仙女楼で幸せな暮らしを始めた。

ところが、このことは間もなく天上の女仙人をリードする西王母に知られた。西王母は、人間と結婚するのは天上のルールに違反することだと主張し、命令を下して蓮花仙女を無理やり天上へ連れ戻したのだ。

蓮花仙女を失った牧郎は、なかなか蓮花仙女のことを忘れられず、その後ずっと独りで羊飼いの生活を送り、二度と結婚しなかった。

一方、天上へ戻った蓮花仙女も牧郎のことを懐かしく思い、毎日毎日涙を流しているそうだ。蓮の葉に転がっている水のしずくはその蓮花仙女の涙だといわれている。

金山嶺長城

望京楼《ぼうけいろう》と仙女楼《せんにょろう》がそびえたっている司馬台《しばだい》長城は、その東側に「金山嶺《きんざんれい》長城」とつながっている。そのため、司馬台長城と金山嶺長城を合わせて、金山嶺長城と呼ぶことがある。

このあたりの長城は敵台が多く、敵台の形も正方形、長方形、円形、楕円形、敵台の上に小屋付きなどなど、さまざまなデザインがある。また、片面だけの城壁、水路の関門、築いた当時の壁画や文字が刻んであるレンガなど、長城の珍しい一面も見られる。そのため、長城に沿って司馬台から金山嶺まで、または金山嶺から司馬台へと歩き、じっくり長城の観賞を楽しむ観光者もいる。

金山嶺長城の真ん中あたりに、棺桶の形に似ている敵台がある。名前は「将軍楼《しょうぐんろう》」という。その敵台の外には、墓があり、「将軍墓《しょうぐんぼ》」と呼ばれる。さらに、その近くに「将軍溝《しょうぐんこう》」と名づけられた谷もあった。

なぜ「将軍」の字がついた名前が多いかというと、そこで命を失った一人の武将を記念するためだと言い伝えられている。

その言い伝えによると、明王朝後期のある日、北京北東方面守備の総司令官に任命されたばかりの戚継光《せきけいこう》将軍のところに若い男がたずねてきて、どうしても戚継光の軍隊に入隊したいといい出した。

わけを聞くと、このハンサムでむしろ美しい女性のような顔つきをした青年がそのいきさつを打ち明けた。

この青年の父親は武《ぶ》という苗字の退役武将だった。倭寇《わこう》と長年戦った戚継光将軍のことを敬慕し、亡くなったとき、戚継光将軍のもとへ行って国を守るために働きなさいという遺言を彼に残した。だから、彼はわざわざ南方の浙江省《せっこうしょう》の実家から数カ月の旅をしてやってきたのだ。

「名前は」

戚継光が青年に聞いた。

「武桂花《ぶけいか》と申します」

青年は落ち着いた表情で答えた。

「女性の名前みたいだね」

「そうです。小さいとき、男の名前なら育てにくいといわれ、女の名前をつけてくれました」

「兵士になると、戦わなければならないのだ。武芸はできるのか？」

「はい。七歳のときから父について習いました」

ちょうどそのとき、空に二羽の鳥が飛んでいた。戚継光《せきけいこう》は武桂花《ぶけいか》に弓矢で射てみよと命じた。

武桂花は側に立っている衛兵から弓矢を借り、すばやく矢を二本射て、二羽の鳥がほぼ同時に空から落ちた。その場にいた衛兵たちはそれを見て、みな「お見事、お見事」といいながら拍手した。

「うーん。なかなかの腕だ。武器を持って格闘する訓練もしたか？」

戚継光は武桂花を褒めながら新たに質問した。

「はい、いたしました。もしよろしければ、五人を相手にしてみせましょうか」

戚継光は半信半疑で五人の衛兵に刀を持たせ、武桂花と戦わせたが、あっという間に五人が武桂花に倒され、五人の刀も全部武桂花に奪い取られた。

武桂花の動きを見て、戚継光は大きくうなずき、大変喜んだ。

「兵法も習ったのか！」

「少し習いました」

と、武桂花が答えてから孫子の兵法や、戚継光が倭寇と戦ったときに使った戦法などを述べ始めた。

「もうよい。将たる人材だ。あははは……」

武桂花《ぶけいか》が述べたことを聞いて、戚継光《せきけいこう》はうれしくて大笑いをした。

その後、武桂花は戚継光の軍隊に入り、後に戚継光の推薦によって金山嶺《きんざんれい》長城東側の古北口《こほくこう》あたりを守備する武将として任命された。

しばらく経って、長城外の蒙古騎兵五〇〇〇人ぐらいが古北口から侵入しようとした事態があり、武桂花が一〇〇〇人の兵士を率いて応戦した。

当時、金山嶺長城の整備がまだ行われていなかったので、防衛し難い。彼は地形の特徴を生かし、奇襲作戦など臨機応変に戦術を活用して蒙古騎兵をやっつけた。その活躍ぶりで戦功を立て、皇帝も彼に接見したほどだ。

その数年後、金山嶺長城の修築整備が始まった。武桂花は区域責任者として、リーダーシップを発揮して効率よく施工の計画をたて、兵士たちと一緒に工事現場で働いた。そのおかげで彼は兵士たちに敬愛され、担当区域工事の進展も非常に速かった。

工事が終わったばかりのとき、北方の敵が再度大軍で侵略してきた。武桂花はすぐ軍を率いて迎撃し、敵と七昼夜も激戦し続けた。その末、彼は敵を打ち負かしたが、疲れ果てて突然倒れてしまい、わずか二五歳の若さで亡くなってしまった。

遺体の衣裳を整えるとき、重大な秘密が初めて知られた。

武将武桂花は本来、女性だったのだ。

つまり、彼女は退役武将の娘であり、男装して戚継光の軍隊に入った。

彼女の遺体は長城のそばに埋葬された。中国では昔、高級将校を「将軍」と呼んだ。だから、彼女の墓は「将軍墓《しょうぐんぼ》」と呼ばれている。

彼女の兵士たちは、自分の敬愛していた上司を記念するため、彼女と一緒に築いた敵台の一つを棺桶のような形に改築して「将軍楼《しょうぐんろう》」と名づけ、その敵台前の谷にも「将軍溝《しょうぐんこう》」という名前をつけた。


将軍楼、仙女楼《せんにょろう》および望京楼《ぼうけいろう》のある司馬台《しばだい》・金山嶺《きんざんれい》長城と八達嶺《はったつれい》長城の間に位置するのは慕田峪《ぼでんよく》長城である。

一九八六年、慕田峪長城は「新北京一六景」の一つとして認定された。

慕田峪には、かつて南北朝時代の北斉《ほくせい》長城があった。明王朝に入ってから、その北斉長城の残痕の上に今の慕田峪長城が築かれ、関門も設けられた。

関門の名前は「慕田峪関《ぼでんよくかん》」という。

ここの関門は独特な形を取っている。関門建築は三基の敵台がつながる形となっており、出入りのゲートは何と真ん中ではなく、左右両側に設置された。

一方、慕田峪長城の城壁も独特なところがある。

通常の城壁の上には、外側のほうに凹凸状の壁を築くが、内側には築かない。ところが、慕田峪長城は両側とも凹凸状の壁を築いた。つまり、両側どちらに向かっても戦闘できる形となっているのだ。

また、ほかの城壁と比べると、慕田峪長城は「枝」が多い。「枝」とは、本体の長城から

木の枝のように、外側や内側へ突き出した城壁のことだ。突き出した城壁の長さは地形によって数メートルのものもあるし、数十メートルのものもある。その突き出した城壁の突き当たりに敵台が設けられた。

さらに、慕田峪長城の一カ所に「九眼楼《きゅうがんろう》」と呼ばれる独特な敵台が立っている。

通常の敵台は、「箭窓《せんそう》」と呼ばれる窓が一つの面に四つあれば多いほうであるが、この九眼楼には四つの面ともに九つの箭窓を設けた。

両側とも凹凸状つきの城壁も、内外とも築かれた枝の城壁も、四面とも九つの箭窓を持つ敵台も、ある興味深いことを示唆している。ここの長城防衛は、つねに裏側から敵が攻めてくる心配があることだ。

両側凹凸付きの慕田峪長城

慕田峪《ぼでんよく》長城のもう一つ珍しい特徴は石刻が多いことである。

九眼楼《きゆうがんろう》の中に石碑が残っており、上に明王朝官僚がここを視察したときに書いた漢詩が刻んである。

そのほか、長城付近の石の上にも十カ所ほどの石刻が見られ、いずれも明王朝時代の長城視察官僚が書き残したものだといわれている。

例外として、一カ所だけ現代人が書いたものがあった。それは清王朝のラスト・エンペラー溥儀の弟溥傑が一つの大きな石に残した「慕田峪関《ぼでんよくかん》」の四文字と署名である。

そういえば、清王朝は万里の長城を築かなかったのだ。

話によると、康熙帝《こうきてい》の時期、長城修復を提案した官僚がいた。しかし康熙

溥傑の書

帝はその提案を受け入れなかった。その理由は、国を守る道は徳を修め、民心を安定させることであり、険しい関門に頼ることではないそうだ。

明王朝以後、再び万里の長城の修復に手を加えたのは三〇〇年後の一九五三年である。

きっかけは、日本人にもよく知られているかつての「中日友好協会」会長、当時の副総理郭沫若《かくまつじゃく》の提案だったらしい。

それ以来、万里の長城の修繕は長年続けられ、この本を読んでいる今も、長城のどこかで復元工事が行われている。

ただ、現在の長城修復は王朝時代の修築と、その目的が大きく違う。

昔は戦争防御のために築いたのだが、今は観光のためだ。

もし長城の構築に携わった古代の人たちが、自分の汗、血、命をかけて築いた万里の長城が数百年ないし数千年後に、平和の観光に役割を果たしていることを知ったならば、きっと感無量であろう。

第4章　名食の由来

古い歴史を持つ北京は、名所古跡が多いだけではなく、名物の食べ物も多い。北京観光の人にとって、目の楽しみのほかに、胃袋の楽しみもあれば最高である。さらに、さまざまな名物料理の由来を知った上で味わうと、食文化の歴史を食べているような気分にもなるだろう。

というわけで、この最後の章では、北京の名物、食べ物にまつわる話に触れてみたい。

1. 宮廷料理第一号

一般の人にとっては、皇帝と后妃たちの生活は、実に神秘的なものである。だから、かつての皇帝や后妃たちが何を食べていたのか、それはどんな味だったのかに興味を示す人が大勢いる。

旅行社がそうした人間の好奇心を満足させようと努め、豪華な北京観光コースの中に、『仿膳飯荘《ほうぜんはんそう》』の宮廷料理を組み入れているのをよく見かける。そこなら正真正銘の宮廷料理が味わえるからである。

一九二四年、退位皇帝として一二年間紫禁城の中で生活していたラスト・エンペラー溥儀は、紫禁城から追い出された。

それに伴って、紫禁城の中で働いた宦官《かんがん》と侍女たちもリストラされ、宮中の料理を作る『御膳房《ごぜんぼう》』のコックたちも仕事を失った。

翌年の一九二五年、生計のため、かつて御膳房のリーダーの一人として働いた趙仁齋《ちょうじんさい》という人が数人の宮廷料理人を集め、一般市民に開放されたばかりの北海公園の中で宮廷料理の店を開いた。

この店は「仿膳茶点社《ほうぜんちゃてんしゃ》」と呼ばれ、いまの仿膳飯荘《ほうぜんはんそう》の前身である。

当時はちょうど戦乱の時期であった。店の経営は豪華な宮廷料理ではなく、店名の文字通り、お茶と合わせていくつかの宮廷料理の軽食を主流としていた。

宮廷料理人の本物の宮廷料理とはいえ、軽食を中心とした経営方針のためか、それとも宣伝が足りないためか、あるいは繁華街から離れすぎていたためか、店はさほど繁盛しなかったようだ。

一九五九年、仿膳茶点社は、北海の北岸から南岸の現在地、つまり紫禁城に近いほうの瓊《けい》島《とう》に遷《うつ》し、店名も仿膳飯荘と改めた。

幸い、かつて紫禁城で働いていた宮廷料理人たちがまだ現役だったので、店の改名に合わせて、「休眠状態」になっていたさまざまな宮廷料理も再び世に復活した。そのおかげで、世界この店は開業八〇年後の今も北海公園の中で大繁盛しており、中国国内だけではなく、世界各国でもその名が知られている。

今、仿膳飯荘《ほうぜんはんそう》の宮廷料理は八〇〇品ほどだといわれている。

中には、ナマコで作った「烏龍吐珠《ウーロントーズウ》」、フカヒレで作った「鳳尾魚翅《フォンウイーユーツー》」、アワビで作った「金蟾玉鮑《ジンツアンユウーバオウ》」、またはツバメの巣で作った「一品官燕《イーピングアンイアン》」など、高級食材で作った豪華料理が多く、アヒルの水かきで作った「芥末鴨掌《ジエームオーヤーズアン》」、駱駝のこぶで作った「沙舟峰頂《サーズオウフオンディン》」、象の鼻で作った「巴戟象鼻《バージーシャンビィ》」、鹿の筋で作った「一品鹿筋《イーピンルージン》」など、珍しい食材で作った珍味料理も多い。

とりわけ高く評されたのは「満漢全席」である。

満漢全席は、清王朝の康熙帝《こうきてい》がつけた名前であるが、満民族料理と漢民族料理の精華を集めた中国最高級のコース料理だ。

清王朝の時代、最高統治者とした皇帝一族は満民族出身であるが、その下で働いた各ランクの官僚には満民族出身者もいるし、漢民族出身者もいる。

最初、宮廷で宴会を開くとき、満民族と漢民族の食習慣が違うことを考慮して、満民族官僚と漢民族官僚を分けて坐らせ、それぞれ満民族官僚に「満席《まんせき》」、つまり満民族風味のコース料理を提供し、漢民族官僚に「漢席《かんせき》」という漢民族風味のコース料理を用意していた。

その後、満漢官僚間の親交を促進するため、満席と漢席という分け方を取りやめ、満民族料理と漢民族料理両方をコース料理に組み入れた「満漢席《まんかんせき》」に変えた。

一七一三年、五二年間皇帝の座にあった康熙帝が六〇歳の誕生日を迎えた。還暦祝いのため、彼は紫禁城で「千叟宴《せんそうえん》」という盛大な宴会を開いた。

「叟《そう》」は年取った男の意味である。だから「千叟宴」とは、一〇〇〇人単位の老人が集まった「じい様パーティー」のことだ。

出席者は六五歳以上の満漢官僚ばかり、すでに帰郷した退職官僚が多かった。彼らにとって、皇帝からの御招待状をもらったことは最大の栄誉である。だから、みなわざわざ遠い帰省先から都の北京に駆けつけた。

実際にパーティーの出席者は二八〇〇人に上り、もちろん満漢席《まんかんせき》だ。清王朝有史以来最も人数が多く、最も豪華な宴会だったので、喜んだ康熙帝《こうきてい》はその場で筆をとり、「満漢全席」の四文字を書いた。これが満漢全席という名前の由来である。

その後、満漢全席という名前が定着し、一〇〇品以上の高級料理、かつ一日三食に分けて食べる、または二日や三日に分けて食べる超豪華な満漢席の代名詞となった。

一九七〇年代の末期、仿膳飯荘《ほうぜんはんそう》が中国国内で初めて清王朝時代の満漢全席を再現した。それ以来、仿膳飯荘の満漢全席が世間に高く評価されている。ラストエンペラー溥儀の弟溥傑もその味を味わい、

「おいしい。昔のよりもおいしい」

と、絶賛したそうだ。

仿膳飯荘には、故事伝説つきの名物料理が多い。

「肉末焼餅《ロームオスアオビン》」はその一つである。

料理名を見るだけでは、日本人ならきっと餅の料理だと思うだろう。なぜかというと、料理名の中に「餅」の字がついているからだ。

しかし実際に、この料理はもち米で作った餅とは何の関係もない。

中国では、「餅《ビン》」という字はもち米で作った餅のことを表わす文字ではない。世間一般の丸くてぺしゃんこなものを「餅《ビン》」という。

「焼餅《スアオビン》」はこねた小麦粉を丸く伸ばしてフライパンで焼いたもので、古くから中国人の軽食または主食として食べられている。

一方、「肉末《ロームオ》」は挽き肉のことだ。

肉末焼餅《ロームオスアオビン》というものを簡単に解釈すると、挽き肉を炒めて「焼餅《スアオビン》」の中に挟んで食べるものである。

言い伝えによると、ある日の夜、西太后が夢の中でお腹がすいた。ちょうど馬蹄より一回り小さい大きさの焼餅《スアオビン》を見つけ、とても香ばしくておいしそうだったので手を伸ばして、それを取って食べようとした。するとそのとき、その焼餅《スアオビン》は消えてしまった。

西太后が怒って何かいおうとすると、目が覚め、夢だとわかった。

翌朝、軽食として、たまたま宮廷料理人趙永寿《ちょうえいじゅ》の新作「肉末焼餅《ロームオスアオビン》」が御膳房《ごぜんぼう》から送られてきた。そのできたての肉末焼餅《ロームオスアオビン》は、何と西太后が夢で見たものとそっくりな形である。

夢の中で欲しかったものが目の前に現れ、かつ中には挽き肉で作った特製の具も挟んであり、味もよかった。それを食べた西太后は大いに喜び、その場で命令を下し、肉末焼餅《ロームオスアオビン》を作った料理人趙永寿《ちょうえいじゅ》に銀二〇両と官の帽子一つを褒美として授けた。

それ以来、肉末焼餅《ロームオスアオビン》は西太后の大好物として宮中料理の「常連」となっていた。

一方、西太后の夢が叶ったことと料理人趙永寿が恩賞をもらったことも、美談として宮廷内外に言い伝えられた。そのおかげで、肉末焼餅《ロームオスアオビン》が宮廷料理の名物として世間に知られるようになったのだ。

今、仿膳飯荘《ほうぜんはんそう》に行けば、ほとんどのコース料理に肉末焼餅《ロームオスアオビン》が出され、満漢全席でもこの肉末焼餅《ロームオスアオビン》が主食の役割を担っている。

肉末焼餅《ロームオスアオビン》と一緒に仿膳飯荘の満漢全席に登場した軽食「小窩頭《ショウウウォートー》」の「誕生」も西太后と関係がある。

一九〇〇年、八国連合軍が北京を占領したとき、西太后は光緒帝《こうしょてい》を連れて西安に逃げた。慌てて逃げたので、食べ物は十分に持っていなかった。途中で西太后はお腹がすいたため、地元の人から一つ「窩頭《ウォートー》」をもらって食べた。

窩頭とは、トウモロコシの粉で作った握りこぶしほど大きさの固いパンのような食べ物である。

中国の北方では、トウモロコシは米や小麦粉と同じ、主食の一種となっている。食感が米や小麦粉には及ばないので、喜ばしい主食とは思われていない。だから、裕福な家庭は米や小麦粉を主食として食べるが、貧乏な家庭はトウモロコシの粉で作った窩頭《ウォートー》で飢えをしのぐ。

当時の西太后は、お腹がすいたせいなのか、食べたことがなかったからか、もらった窩頭《ウォートー》を食べてとてもおいしく思ったようだ。

一年後、西安から北京に戻った西太后はその窩頭《ウォートー》の味を思い出して、御膳房《ごぜんぼう》に窩頭《ウォートー》を食べたいという注文を出した。

御膳房は、庶民たちが食べた窩頭《ウォートー》をそのまま作ったらきっと怒られると思って、トウモロコシの粉をもっと細かくひき、さらに大豆の粉と砂糖などを加えてぜいたくな窩頭《ウォートー》を作った。窩頭《ウォートー》の大きさも、庶民たちが食べた握りこぶしサイズではなく、卓球ボールの大きさ程度に小さくした。

この特製の窩頭《ウォートー》はとても西太后の口に合い、その後、西太后の軽食の一つとして定着した。名前も、普通の窩頭《ウォートー》よりはるかに小さいという特徴から、小窩頭《ショウウォートー》と名づけられた。

今、かつて西太后が食べた小窩頭《ショウウォートー》を作る店は仿膳飯荘《ほうぜんはんそう》だけのようで、北京の名物としてよく知られている。

日本人はトウモロコシの粉で作ったコンスープの味になれているが、たまには西太后がよく食べた小窩頭《ショウウォートー》の味と食べ比べてみることも、食の楽しみの一つかもしれない。

仿膳飯荘の名物料理の中に「四大抓炒《ズウアツアオ》」がある。

抓炒《ズウアツアオ》とは、炒め料理のことだ。

だから四大抓炒《ズウアツアオ》は四品の炒め料理である。この四つの料理はそれぞれ「抓炒魚片《ズウアツアオユウーピアン》」、「抓炒大蝦《ズウアツアオダーシャー》」、「抓炒里脊《ズウアツアオリージ》」、「抓炒腰花《ズウアツアオヨーホアー》」と呼ばれ、日本語にすると、「魚肉の薄切り炒め」、「エビ炒め」、「豚のヒレ肉炒め」そして「豚の腎臓炒め」になる。

この中で「豚の腎臓炒め」は日本人にとって予想外の料理だろう。なぜなら、日本では豚の腎臓はあまり食材に使われていないからだ。

ところが中国では、豚の腎臓は、レバー、ハツ、ホルモンなどより上等の食材として食べられている。

ただ、豚の腎臓は豚の尿と関わる臓器だ。だから調理人の腕が問われる。上手に食材を扱わないと、「臭い料理」となってしまう。

さて、話は四大抓炒《ズウアツアオ》に戻るが、この四つの炒め料理は、いずれも西太后の大好物料理であったという。

ある日、宮廷料理人王玉山《おうぎょくさん》が、西太后の朝食を用意するときに魚肉の薄切りを炒め、数多い朝食料理のうちの一品として西太后の目の前に並べた。

王玉山が作ったこの料理は見栄えがよく、西太后の目をひいた。西太后はこの料理を一口食べると、魚肉は柔らかく、ほどよい甘さ、酸っぱさ、塩からさと香ばしさが口に広がり、とてもおいしいと喜んだ。

西太后はさっそく側に立っている宦官《かんがん》にいいつけ、料理人王玉山を目の前に呼び、料理のうまさを褒めた後、王玉山《おうぎょくさん》に料理の名前を聞いた。

王玉山にとって予想外のことだった。なぜかというと、彼は初めてこの料理を考案して作ったので、名前などまだ考えていなかったのだ。

しかし最高権力者の西太后に聞かれたのでは、名前のない料理を作ったなどとはいえない。本当は何か格好いい名前をつければよさそうなものだが、目の前で直々に聞かれたので、考える余裕もなかった。そこで、彼は調理法のまま「抓炒魚片《ズウアツアオユウーピアン》」と答えた。

とっさのこの一言で、調理法がそのまま名前として定着してしまった。

西太后は、料理の名前に異議はなかったが、「今後さらに何品かを考案せよ」という新たな注文をした。

その後、王玉山は抓炒魚片《ズウアツアオユウーピアン》の調理法を生かして、さらに「抓炒大蝦《ズウアツアオダーシャー》」、「抓炒《ズウアツアオ》里脊《リージ》」と「抓炒腰花《ズウアツアオヨーホアー》」を作りだし、まとめて「四大抓炒《ズウアツアオ》」というようになった。四つの抓炒《ズウアツアオ》料理は、どれも西太后の口に合い、西太后の大好物として清王朝宮廷の名物料理となった。ちょうど王玉山の苗字が「王」なので、西太后はジョークで王玉山を「抓炒王《ズウアツアオ》」と名づけた。

王玉山は仿膳飯荘《ほうぜんはんそう》の創始者の一人である。そのおかげで、四大抓炒《ズウアツアオ》も自然に仿膳飯荘に「定住」し、仿膳飯荘の看板料理となった。

日本人は、料理の神様陳建民のおかげで、マーボー豆腐や回鍋肉など日本風の四川料理の味に慣れている。美食に凝っていた西太后が好んだ四大抓炒《ズウアツアオ》もきっと日本人の口に合うと思う。その味を確かめたい方は、ぜひとも仿膳飯荘《ほうぜんはんそう》でご賞味あれ。

2. 二種類の北京ダック

北京で最も知名度が高い名物料理は「北京ダック」である。

日本では、ニワトリがよく飼われているが、アヒルを肥育するところはあまり聞かない。食材売り場にも、ニワトリの卵や鶏肉ならどこでも売っているのに対し、アヒルの卵やアヒル肉はなかなか見当たらない。

一方、中国では紀元前からアヒルを育てて食べている。アヒルの肉だけではなく、アヒルの卵も食べる。中華料理の前菜に出される「ピータン」もアヒルの卵で作ったものだ。

アヒルの料理は中国全土で食べられている。南京の「塩水鴨《イアンスウイヤー》」と「板鴨《バンヤー》」、四川の「樟《ズアン》茶鴨《ツアーヤー》」、北京の「北京ダック」など、いずれもアヒルの名物料理である。

北京ダックを中国語で書くと、「北京烤鴨《カオーヤー》」となる。「烤《カオー》」は「あぶる」の意味なので、「北京烤鴨《カオーヤー》」はアヒルをあぶって食べることである。

「烤鴨《カオーヤー》」はもともと「炙鴨《ジューヤー》」といい、南京の名物料理だった。

明王朝の初代皇帝朱元璋《しゅげんしょう》が南京に都を定めたとき、南京名物の炙鴨《ジューヤー》は明王朝の宮廷料理

北京ダックを切る様子

となり、「金陵烤鴨《きんりようカオーヤー》」という名前が付けられた。「金陵」は南京の別称である。

その後、朱元璋《しゅげんしょう》の息子、明王朝三人目の皇帝永楽帝《えいらくてい》が首都を北京に遷した。それに伴って明王朝の宮廷料理「金陵烤鴨《きんりようカオーヤー》」も北京に入った。

北京に伝来した金陵烤鴨《きんりようカオーヤー》は、食材が自然に育てたアヒルから次第に人工肥育した「塡鴨《テンヤー》」に変わり、独特なうまさを持つ「北京烤鴨《カオーヤー》」が誕生した。「塡《テン》」は充塡の意味である。だから「塡鴨《テンヤー》」とは無理やりアヒルに食わせるという肥育方法だ。

具体的にいうと、あらかじめ飼料を肉団子程度の大きさに作ってたくさん用意する。アヒルに食べさせるとき、片手でアヒルの首を摑んで持ち上げ、親指と人差し指でアヒルのくちばしを両側から押して無理やりくちばし

「便宜坊」の入口

を開かせ、反対側の手で団子状の飼料を一つ取ってアヒルのくちばしの中に入れる。さらに、アヒルが持ち上げられている状態のまま、片手でアヒルの首の外側から力を加え、アヒルの食道に入った団子を胃袋まで押し詰めるのだ。

　アヒルの「食事」として一回に与える団子の数は決まっている。団子の数と同じ回数、前述の動作を繰り返す。アヒルには、噛ませず、のんびりと呑ませることもしない。アヒルの立場から見れば「食事」よりむしろ「拷問」だ。

　このように肥育した「塡《テン》鴨《ヤー》」は成長が速く、脂ものっていて、肉も柔らかい。おかげで、この塡鴨《テンヤー》で作った北京ダックは格別においしくなる。北京の塡鴨《テンヤー》を使わないと、本場らしい北京ダックが作れないという。だから、海外に行って北京ダックを実演するコックたちは、必ずといっていいほど北京の塡鴨《テンヤー》を使い、外国のアヒルは使わないそうだ。

北京ダックの名店は二つある。

一つは『便宜坊《べんぎぼう》』であり、もう一つは『全聚徳《ぜんしゅうとく》』という。『便宜坊』は一四一六年に開業したそうだ。

だとすると、約六〇〇年の歴史があることになる。もっとも、開業当初から北京ダックを経営していたかどうかはわからないが。

とはいえ、少なくとも一五五二年の時点ではすでに北京ダックを作っていたようだ。なぜかというと、便宜坊の店名について、その年に起きたある出来事が言い伝えられ、その中で北京ダックにも言及しているからだ。

その言い伝えによると、便宜坊は一五五二年までは、まだ店名ですらない小さな店だった。その年のある日のこと、敢えて明王朝の悪人宰相厳嵩《げんすう》の罪を一〇項目もリストアップして弾劾した楊継盛《ようけいせい》という正直な官僚が、たまたま便宜坊に入り、酒と北京ダックを注文した。

ちょうど店内は客も多く、中に忠臣楊継盛のことを知っている客がおり、店主に伝えた。店主が忠臣を敬慕し、自ら楊継盛に料理を運び、自ら酒を注いであげたのだ。

楊継盛《ようけいせい》が店主のサービスに好感を持ち、二人は意気投合してしばらく話を続けた。話をするうち、楊継盛は、この店が長年あったにもかかわらず、いまだに店名がないことを知り、

「こんなにお客さんに便宜を図っていて安くておいしい店なのに、店名がないとはもったいない」

と、店主のために不平をもらし、自ら便宜坊《べんぎぼう》という店名をつけてあげた。さらに、筆を求め、その場で便宜坊の三文字を書き残した。

その後も、楊継盛とほかの官僚たちがよくこの店に姿を見せ、おかげで便宜坊は一気に有名な北京ダックの名店となった。

北京ダック料理店の同業者たちは、便宜坊の人気に目をつけ、商売繁盛を狙って自分も同じ便宜坊という名前を使って北京ダックの料理店を開いた。最も多いときは、北京市内で三〇数軒の持ち主の違う便宜坊があったそうだ。

今の便宜坊もたくさんできた「にせもの」の中の一つである。本来の便宜坊は一九三七年に倒産した。

今の便宜坊は一八五五年、王という苗字の骨董商人が本来の便宜坊から劉という苗字の店員を引き抜いて開業したそうだ。だから、北京ダックの作り方は、本来の便宜坊から引き継いでいるといえるであろう。また、本来の便宜坊の歴史を加算せず、たとえこの一八五五年から数えるとしても、この店はすでに一五〇年以上の歴史がある。

便宜坊《べんぎぼう》の北京ダックをあぶる方法は「燜炉烤鴨《モンルーカオーヤー》」という。昔、燜炉烤鴨《モンルーカオーヤー》は高粱《こうりゃん》やトウモロコシの茎など軟質燃料を使った。あぶるとき、まず扉つきの炉の中で軟質燃料を燃やし、炎が見えなくなったときにあらかじめ準備しておいた生のアヒルを炉の中に掛け、扉を閉めてあぶる。いまは軟質燃料の替わりに燃料ガスを使っているが、相変わらず炉内には炎が見えないことが大前提である。

今の便宜坊は伝統的な燜炉烤鴨《モンルーカオーヤー》に改良を加え、蓮やお茶またはナツメの香ばしさを含んだ「花香酥烤鴨《ホアーシャンソウーカオーヤー》」と、野菜の爽やかさを含んだ「蔬香酥烤鴨《ソウーシャンソウーカオーヤー》」を創出した。従来の燜炉烤鴨《モンルーカオーヤー》からバージョンアップしたので、特許登録もしたそうだ。

そのほか、便宜坊には「塩水鴨肝《イアンスウイヤーガン》」（塩味のアヒルレバー）や「芥末鴨掌《ジエームオーヤーズアン》」（からし味のアヒル水かき）などアヒルを使った看板料理も数多くあるが、とりわけ珍しいのは「三国宴《さんごくえん》」である。

「三国宴」とは、日本人も馴染ぶかい中国歴史小説『三国志』の物語を数品のアヒル料理で表現するコース料理だ。食の楽しみ、視覚の楽しみおよび歴史文化の楽しみを同時に満足できる、得がたいコース料理といえよう。

便宜坊の燜炉烤鴨《モンルーカオーヤー》に対峙するのが、『全聚徳《ぜんしゅうとく》』の「掛炉烤鴨《グアールカオーヤー》」である。掛炉烤鴨《グアールカオーヤー》は燜炉烤鴨《モンルーカオーヤー》のような軟質燃料を使わず、ナツメ、梨またはリンゴなど果物の木材、つまり硬質燃料を使う。

また、あぶるとき、炉には扉をつけずに、オープンのままあぶるのだ。このあぶり方は、清王朝宮廷料理の子豚丸焼きと似ている。

実際に、全聚徳《ぜんしゅうとく》の掛炉烤鴨《グアールカオーヤー》は清王朝宮廷料理の調理法をそのまま使っているのだ。

清王朝の後期、河北省《かほくしょう》出身の楊全仁《ようぜんじん》という人が上京した。生計のため、彼は今の全聚徳の「前門店《ぜんもん》」近くに屋台を設け、生のニワトリやアヒルを売っていた。

数年が経って、ちょうどいくらかのお金を貯めたとき、近くの『徳聚全《とくしゅうぜん》』という小さな果物屋が倒産したので、彼はお金を出してその建物を引きうけた。

屋根の下で生のニワトリやアヒルを売るから、仕事の環境が屋台のときよりもだいぶよくなった。次に考えるべきことは果物屋のように倒産しないことだ。そこで、楊全仁は風水師を呼んで、店のことを見てもらった。

風水師は、ここは商売繁盛の場所だと告げ、重要なアドバイスもした。それは従来の店名を逆順に使うことだ。

つまり、従来の店名『徳聚全』は倒産をもたらした。倒産の逆は繁盛である。だから、従来の店名を逆順にして、『全聚徳』を新しい店名にすれば必ず繁盛するというのだ。

楊全仁は風水師のいうとおりにした。このようにして、中国の食文化歴史に名が残る名店『全聚徳』が誕生した。一八六四年のことだった。

楊全仁は生のニワトリやアヒルを売るだけで満足する経営者ではなかった。生のニワトリやアヒルを売るほかに、自分が扱っているアヒルを調理してから売ればもっと利益が上がるのではないかと考え、この屋根の下でさらに北京ダックの料理店をも経営しようと企画した。楊全仁《ようぜんじん》自身には北京ダックをうまくあぶる腕がない。だから、まず調理師を探さなければならなかった。そこで彼は、かつて清王朝の「御膳房《ごぜんぼう》」であぶり料理を専門にしていた料理人、孫に目を向けた。

当時、孫は北京市内の別のレストランで掛炉烤鴨《グアールカオーヤー》を調理していた。楊全仁は、まず機会を作って、孫と友人付合いを始め、その後、高額の給料で自分の店に雇った。宮廷料理人の腕だから、全聚徳《ぜんしゅうとく》の掛炉烤鴨《グアールカオーヤー》が一気に有名になり、おかげで全聚徳も次第に大きくなっていった。

孫の掛炉烤鴨《グアールカオーヤー》は秘伝の技だ。その技はずっと孫が独り占めしていて、晩年になってから弟子の蒲長春《ほちようしゆん》一人だけに伝えた。蒲長春もその後の弟子も、師匠のやり方を守って、秘伝の技を弟子一人だけに伝える。そのおかげで、全聚徳の北京ダックはほかのところが真似できない独特なおいしさを持つのである。

中華人民共和国が成立した後、やっと一子相伝の伝統を破り、多数の弟子に教えるようになった。おかげで現在の全聚徳は一〇軒ほどの支店を持ち、一年間に約三〇〇万羽の北京ダックを販売している。

現在、一四〇年の歴史を持つ全聚徳は、秘伝の掛炉烤鴨だけではなく、アヒルを食材に使った料理が二〇〇品以上作られている。とりわけ有名なのは「全聚徳全鴨席《ぜんしゅうとくぜんおうせき》」というコース

改築前の「都一処」正門

料理である。

便宜坊《べんぎぼう》の燜炉烤鴨《モンルーカオーヤー》と全聚徳《ぜんしゅうとく》の掛炉烤鴨《グアールカオーヤー》は、北京ダックの二大名物料理である。あぶる方法が違うため、食感覚も当然違う。どちらがおいしいか、いや、どちらがあなたの口に合うかは、実際に食べてみないとわからないのである。

3. シュウマイの名店

全聚徳北京ダック前門《ぜんもん》店のとなりに、全国で有数のシュウマイの名店があり、店名は『都一処《といっしょ》』という。

この店は清王朝の乾隆《けんりゅう》三年、つまり一七三八年に開業したので、もう二七〇年ほどの歴史がある。

長い歴史を持つ名店は、みなそれなりの理由がある。都一処が有名なのは、シュウマイが美味しいだけではなく、店名とも大きく関係している。

話によると、この店は開業後十数年がたっても、依然として店名すらない、小さな飲食店だった。周りには大きな飲食店が多く、競争が激しいため、生き延びるだけでも精一杯努力しなければならない。

幸い、店主はきわめて勤勉な人である。店の規模では豪華な飲食店と肩を並べることができないから、売上げを上げるため、店主は敢えて自分の休み時間を削って、店の営業時間を延長した。いつも周りの店がオープンする前から店を開け、周りが閉店してからもしばらく営業し続けたのだ。

ある年の大晦日、正月が間近なため、午後早々に周囲の店は続々と閉店した。空が暗くなったとき、繁華街にはこの店だけしかランプがついていない。

そろそろ閉店しようか、と店主が思ったとき、外から普段着の中年男性が二人の若い男を連れて店に入ってきて、酒と料理を頼んだ。

こんな大晦日の夜に三人ものお客さん。店主は、閉めないでよかったと喜び、普段よりもなお一層親切に接客した。おかずと得意のシュウマイも真心を込めて作った。

中年男性は、おかずとシュウマイを味わうと、賞賛し、店主としばらく世間話をした。最後に、

「店の名前は何というのだ？」

と、店主に尋ねた。

「小さな店ですから、名前はまだつけていません」

店主は謙虚な態度でありのまま答えた。

「今夜、首都北京の店はみな閉店したが、あなたの店だけが商売をしていた。だから、都一《といっ》処《しょ》という名前にしよう」

中年男性は椅子から立ち上がって、店名を提案すると、若者を連れて店を出た。

「高く評価していただきましてありがとうございました。またいらっしゃいませ」

店主は、好意をうれしく受け入れ、店を出た客の背中に向かって感謝の意を表わした。しかし、心の中には、依然として店名をつけようという気持ちは湧いてこなかった。

なぜかというと、店名をつければ、当然、看板として門の上に掛ける横額をつくらなければならない。しかし、今はまだ横額を作るだけの経済的な余裕がないのだ。

年が明けてからのある日、突然、清王朝宮廷の使者が店にやってきた。しかも、黄色い絹で覆った大きな横額を持っていたのだが、それには何と、大晦日の夜にきた客がいい残した店名「都一処」の三文字が書かれていた。

驚いた店主は、恐る恐る宮廷の使者に事情を聞いた。すると、何と、大晦日の中年男性客

こそ、在位中の乾隆皇帝《けんりゅう》だったのである。

実はその晩、私服で外出した乾隆帝《けんりゅうてい》は、紫禁城に帰る途中、たまたま暗い繁華街に一軒だけ明かりが灯っているこの店に気づき、好奇心がわいて入ってみた。店主も親切な上、料理もおいしかったため、元来あちこち字句を書き記すことが好きな乾隆帝は、つい興を起こし、この店に店名をつけた。

乾隆帝から賜った横額は、実に珍しいものだった。木製の楕円形横額の四隅には虎の頭が刻んであり、真ん中の「都一処《といっしょ》」三文字は乾隆帝の直筆であった。

店主にとって、この予想外の出来事は、まるで天から降ってきた好運だ。彼はさっそく横額を店内に飾り、乾隆帝が坐っていた椅子にも黄色い絹をかぶせ、二度とお客さんに坐らせなかった。

皇帝から直筆の横額が授けられたことは、すぐ口コミで繁華街に広がり、人々はわれ先にと争ってこの店に入り、飲食するとともに珍しい横額を鑑賞する。おかげで、店は一気に有名となり、二七〇年ほど経った今もその人気は衰えていない。

その横額は、今でも店内に飾られている。北京観光のついでに都一処に立ち寄り、横額を鑑賞する人も少なくない。言い伝えによると、文化大革命のときには、封建王朝の皇帝が賜った横額は革命にふさわしくないという理由で、ハンマーで壊される運命に遭った。しかし、どんな木材で作ったものか知らないが、この額はハンマーでも壊れなかった、というのだ。筆者には、ハンマーの跡が横額に残ったかどうかわからない。もし興味があるならば、それを確認しに行くのも一興だろう。

都一処《といっしょ》が有名なのは、何も皇帝直筆の横額があるからだけではない。シュウマイのおいしさも、天下一品。看板の文字通り、都内一の処なのだ。

日本では、シュウマイの作り方はほぼ決まっている。挽き肉、玉ねぎを中心にして作った具を、皮がはちきれるほどぎっしりと詰め、日本酒の盃のような形に整え、その上に一粒グリーンピースを載せて蒸す。このように作ったシュウマイは、日本では定番となっている。ところが、中国では香港やその近くの広州あたりに行かないと、こういうシュウマイはなかなか見当たらない。

一方、中国のシュウマイは、ほとんど「てるてる坊主」を逆さまに置いたような形をしている。日本のとは形が違うだけではない。中に入れる具も千差万別であり、「定番」はない。

都一処のシュウマイには、具が三種類ある。

豚肉と長ネギのシュウマイ、カニ肉で作ったシュウマイ、そしてエビ、卵と竹の子のシュウマイだ。

いずれも「とてもおいしい」と高く評価されている。

日本では、シュウマイを漢字で書くと「焼売」となるが、中国では「焼売」と書くのは南方の一部の地域だけであり、一般には、発音は同じだが書き方は「焼麦」である。

たとえば、都一処のエビ、卵と竹の子で作ったシュウマイは、海、平野と山にある三種類の新鮮な食材を使っているので、「三鮮焼麦《スアンシアンスアオマイ》」という名前がつけられている。

われわれ日本人は、挽き肉と玉ねぎで作った「定番」のシュウマイの味に慣れている。だからこそ、違う形、違う味の中国「焼麦《スアオマイ》」を味わうチャンスがあったら、きっと楽しい体験になるに違いない。

都一処《といっしょ》のもう一つの名物料理は「炸三角《ズアースアンジョウ》」という。

中国語の「炸《ズアー》」は油揚げの意味なので、「炸三角《ズアースアンジョウ》」を直訳すると「三角形の揚げ物」となる。この料理を日本語でわかりやすく説明すれば、揚げ餃子みたいなものだ。ただ、実物は、餃子の形でもなければ三角形でもない。どちらかといえば、粽《ちまき》みたいな形となっている。

また、具には豚の挽き肉だけではなく、コラーゲンたっぷりの肉ゼリーも入っている。油で揚げると、皮が春巻きのようにさくさくとなり、中では肉ゼリーが溶け、おいしい肉汁になるのだ。

この炸三角《ズアースアンジョウ》を食べるときにはコツがある。まず箸で炸三角《ズアースアンジョウ》を刺して穴をあけ、中の熱気を放出させる。さもないと、熱々の肉汁と熱気が一気に口に入ってやけどしてしまう可能性があるのだ。もし食べに行くならば、やけどにはくれぐれもご注意ください。

4. 六必居の漬物

紫禁城の中で暮らしていた皇帝や后妃たちは、豪華な宮廷料理ばかりではなく、民間で作った漬物も食べた。

西太后の時代、民間人が作った漬物がスムーズに宮中に送られるように、わざわざ漬物屋に「腰牌《ようはい》」を授けたのだ。

腰牌とは、紫禁城に出入りするための通行証である。普段この通行証は、腰のところにぶら下げて出入りするので、腰牌と呼ばれた。

腰牌を授けられた漬物屋は、『六必居《ろくひつきょ》』という名の古くて有名な店である。

この店は明王朝の嘉靖《かせい》九年、つまり一五三〇年に創業し、四七〇年以上の歴史があり、いまだに繁盛し続けている。

六必居という店名については、三つの言い伝えが残っている。

その一つは、もともとこの店は六人の未亡人が集まって作った店だという。

六人は、店が彼女たちの心の居場所だと考え、「六心居」という店名をつけた。

開業後、六人は店の知名度を高めるため、コネを通じて明王朝当時の権力者、厳嵩《げんすう》に看板にする横額を書いてもらうよう依頼した。

厳嵩《げんすう》は、明王朝嘉靖帝《かせいてい》の時代に、約二〇年間王朝の実権を握った人物で、政治家としては中国の歴史上に悪名を残したが、書道家としてはかなり高く評価されている。

厳嵩は、横額に六心居《ろくしんきょ》の三文字を書きあげると、ふと思った。「六人一心」なら、うまくいくかもしれない。しかし「六心」になってしまうと、うまくいくはずがないではないか。そこで、彼はすでに書き終えた「六心居」の「心」に一筆を加え、「六必居《ろくひっきょ》」に改めたということだ。

ところが、実際には、六必居の経営者が六人になった時期は一度もなかったので、この言い伝えは明らかに事実無根である。

別の言い伝えによると、六必居はもともと酒を造って販売する店だったが、いい酒を造るために、

「黍稲必齊、曲蘖必実、湛之必潔、陶瓷必良、火候必得、水泉必香」

と、六つの必ず守らなければならないルールを作ったという。つまり、

●酒造りに必要な穀類の種類は、必ず全て揃えなければならない。
●酒造りに使う麹《こうじ》は、必ずいいものを使わなければならない。
●酒造りの器具は、必ず清潔にしておかなければならない。
●酒を盛る甕《かめ》は、必ずいい陶磁器を使わなければならない。
●加熱するときの火加減は、必ずちょうどいい状態にしなければならない。
●酒造りに使う水は、必ず良質な泉水を使わなければならない。

という六項目である。

この六つの「必ず」があったから、「六必居《ろくひっきょ》」という店名をつけた、というのだ。しかし実際に、この店は酒を販売したことはあったが、酒を造ったことはなかった。

六必居は、外から酒を仕入れて販売することはあったが、そのまま販売するのではなく、仕入れた酒を半年寝かせるなどの手間暇をかけてから売り出した。そのように独特な工夫をしていたためか、この店が売り出した酒は、かなり評判がよかったそうだ。

世間の人々は、六必居の内情を知らないため、ここで酒を造っていると思ったのだろう。実際には酒を造っていないので、六必居という店名が酒造りのルールから由来したという説も成り立たなくなってしまった。

三つ目の言い伝えによると、六必居はもともと酒造家でもなく漬物屋でもなく、雑貨屋だったという。

中国は昔から、日常生活に欠かせないものが七種類あるという。

その七種類とは、「柴、米、油、塩、醬、醋、茶」の七文字である。柴は薪、醬は味噌、醋は酢のことだ。

六必居は雑貨屋だから、店内にはお茶を売っていないだけで、日常生活に欠かせないほかの六種類が必ず揃っている。だから、六必居という店名をつけたというのだ。

この説は、実際に六必居の店内で長年働いた従業員も代々先輩から伝えられ、もっとも真実に近いのではないかと思われる。

六必居《ろくひつきょ》の宝物は、六必居の三文字が書かれた横額だ。

この三文字は、前にも触れたように厳嵩《げんすう》という、約二〇年間、明王朝の実権を握った官僚が書いたものだ。

当時、皇帝は統治に関心を示さず、政事はすべて厳嵩に任せていた。だから、厳嵩は今でいうと、一国の総理大臣のようなものだ。これほど高位に立っている人がどうして小さな無名の雑貨屋に横額を書いたのだろうか。

実は、厳嵩が書いた三文字をめぐっては、一つの智慧物語がある。

当時、六必居はまだ雑貨屋だった。しかし、店が売り出した酒には独特のおいしさがあったので、庶民の間に人気があり、厳嵩の家で働く人たちもよくこの店の酒を買って飲んだ。

六必居の店主は、次第に厳嵩の家で働く人たちと親しくなり、厳嵩にお願いして六必居の横額を書いてほしいという願望をうちあけた。

常連客だから、それができたら自分にもメリットがある。厳嵩の家で働く人たちは熱心に店主のために動いたのだ。

しかし、みな下働きの者たちだから、厳嵩に直接お願いできる立場ではない。そこで、彼らは厳嵩夫人の女中を通して厳嵩夫人にお願いしてみた。

夫人は優しい人だった。商売も大変だから、できるなら願いを叶ってあげたいといって、その願いを引き受けた。

しかしそうはいっても、六必居はしょせん知名度のない雑貨屋。たとえ夫人自らお願いしてもきっと拒絶されるに違いないと、夫人にはわかっていた。

「でも、きっと何かいい方法があるはずだわ」

夫人がそう思って、女中と一緒に智慧を絞り、いろいろな可能性を検討した。

数日後、夫人は書斎に書道用紙を開いて「六必居《ろくひっきょ》」の三文字を書き始めた。しかも、何日も続いて同じ三文字を繰り返して書き、書き終わった紙も片付けず、書斎のあちこちにばら撒《ま》くように置いた。

夫人も、もともと書道が得意な人だったが、厳嵩《げんすう》ほどの腕前ではない。とりわけこのとき書いた三文字は、夫人の普段の字より明らかに下手なように見えた。

とうとう夫人の行動が厳嵩の注意を引きつけた。

「何を書いている？」

「書の練習です」

「ずっと同じ字を書いているではないか」

「そう。この三文字を大きく書きたいのです。でも、なかなかうまく書けませんの」

「そうか。では、手本を書いてあげよう」

厳嵩が筆をとり、紙に大きく「六必居」の三文字を書いた。

目的達成だ。

それからさらに数日後、厳嵩が書いた三文字は六必居の横額に写された。

通常、有名人が書いた書には、書く人の署名や押印がついている。その本物らしさを表わすため、横額に写すときも、だいたいその署名と押印を書と一緒に横額に写す。六必居《ろくひっきょ》が手に入れた厳嵩《げんすう》の書は正面突破して得たものではないため、署名も押印もない。だから横額に写したのは、「六必居」三文字だけだった。

とはいえ六必居にとっては、それだけで十分だった。なぜかというと、世間には、厳嵩の書をわかる人もいるし、民間の口コミもある。

この横額のおかげで、六必居も一気に有名となった。お客さんもどんどん増える一方である。

雑貨屋だから、いろいろな生活用品を売っていた。買い物にきたお客さんも自分の必要品をいろいろと買っていった。そうしているうちに、人々はこの店が造った味噌漬類の漬物のおいしさに気づき、たちまち酒の売れ行きをはるかに凌ぐようになっていった。

漬物の評判が日ごとますます高まり、購入者も増え、店はほかのものを扱う閑がなくなってしまう状態となった。

そこで、店主がやむを得ず一大決心を下し、漬物のみを経営する店に衣替えした。

漬物屋になった店は、六種類の日常生活に欠かせないものこそ揃わなくなったが、人気は衰えなかった。そして、店は相変わらず六必居という昔のままの店名を使い、相も変わらず厳嵩の書を写した横額を掛けている。

ところで、この横額は、その後、数奇な運命をたどることとなる。

一九〇〇年、八国連合軍が北京を占領し、西太后も光緒帝《こうしょてい》も西安に逃げた。この店の店主は、戦乱に巻き込まれるのを避けるため、店を数人の店員に任せ、自分は大部分の従業員を連れて逃げた。

ちょうどその頃、六必居《ろくひっきょ》近くの商店街は、数千軒に及ぶ大きな火事に遭い、六必居も燃えてしまった。しかし留守を頼まれた店員は、敢えて煙と炎の中に入って、宝の横額を救い出したのである。

北京の事態が安定した後、店主とほかの従業員たちが焼かれた店に戻った。

店主が留守番役の店員にかけた最初の一言は、

「横額は無事か?」だった。

無事だという返事を聞いたとたん、彼は、

「横額がある限り、六必居の商売はまたうまくいく」

と、うれしそうに本音を漏らしたという。六必居にとって、この横額はまるで命のようなものだ。

一九六〇年代の文化大革命中には、この横額の「罪」が問われたこともあった。

封建王朝の悪人官僚の書を写した横額だから、長い年月保管することだけでも反革命的なことだというのだ。

そのため、この店の店名を無理やり改められ、横額も没収されてしまった。

幸い、この没収された横額は、紅衛兵の革命成果の一つとして展示会に陳列されていたので、破壊されずに残された。

この横額が再び世に姿を見せるきっかけとなったのは、一九七二年、日中国交回復のために日本の田中角栄元総理大臣が中国を訪問したことにある。そのとき、田中首相が中国の周恩来総理に六必居《ろくひっきょ》のことを聞いたのだそうだ。

その翌日、周恩来総理の指示により「数百歳」になったこの横額が再び六必居に掛けられ、今も健在である。田中角栄元総理大臣には感謝しなければならない。

さて、六必居には、名物漬物が一二種類あるといわれている。

そのうち、とりわけ有名なのは「甜醬黒菜《テンジャンヘイツアイ》」と「甜醬八宝菜《テンジャンバーバオーツアイ》」である。甜醬黒菜《テンジャンヘイツアイ》は日本の市場ではあまり見られなくなったマクワ瓜で作ったもので、甜醬八《テンジャンバーバ》宝菜《オーツアイ》は文字通りいろいろな具が入っている。

漬物は、人間の食生活から見ると非常に身近なものだ。だから、北京観光に行った中国人は、よくお土産として六必居の漬物を買って持ち帰る。

ただ、六必居の漬物は「甜醬《テンジャン》」という名前のとおり、ほとんどが甘味噌で漬けたものだ。食べ物の好みが人によってさまざまなため、すべての日本人の口に合うかどうかはわからない。

5. 東来順のシャブシャブ

清王朝の康熙帝《こうきてい》は、かつて六五歳以上の現役官僚と退役官僚を一〇〇〇人以上招いて、「千叟宴《せんそうえん》」という盛大な満漢全席パーティーを二回開いた。

康熙帝の孫である乾隆帝《けんりゅうてい》も、祖父を真似て同じく二度の千叟宴を開いた。特に二度目の宴会では、参加者は何と五〇〇〇人にも達したという。

乾隆帝が主催した二度の千叟宴には、いずれも「羊肉火鍋」という清王朝の宮廷料理がメインの一つとして出された。

中国の民間では、羊肉火鍋を「涮羊肉《ソアンイアンロー》」と呼ぶ。

中国語の「涮《ソアン》」はシャブシャブの意味だから「涮羊肉《ソアンイアンロー》」を日本語に直すと、羊肉のシャブシャブである。

日本では、ジンギスカンを食べるときには羊肉を焼くが、シャブシャブとなるとやはり牛肉か豚肉を使う。ところが中国では、特に中国の北方では、シャブシャブはほとんどの場合、羊肉を使っていた。

漢方の立場から見ると、羊肉は温かい性質の食材である。こういう温かい性質を持つ食材を食べれば、体がぽかぽかとなる。

中国北方は冬が非常に寒い。最も寒いところは零下四〇度をも越えるのだ。

そういう寒さに対抗するため、人々は服を分厚く着ることと部屋を温かくするほかに、体を温める羊肉の料理もよく食べる。涮羊肉《ソアンイアンロー》がその一つである。

涮羊肉《ソアンイアンロー》の由来については、言い伝えが残っている。

モンゴル帝国を築き上げたジンギスカンの孫で南宋王朝を滅ぼした元王朝の皇帝フビライは、羊肉の煮込み料理が大好きだった。宮廷にいるときだけではなく、軍を率いて征戦に行くときも、ほぼ毎日コックにこの料理を用意してもらった。

フビライが戦場に行ったある日の昼頃、敵軍が遠ざかっているため、兵士たちは昼食を取っていた。フビライのコックもいつものように、羊肉の煮込み料理の下準備をしていた。

突然、外に出した偵察者が戻ってきて、「敵軍がこちらに向けて進軍中」と報告した。緊急事態のため、フビライは食事を待つ暇もなく、すぐ全軍に戦闘準備の命令を出し、数人の将軍と作戦を練り始めた。

フビライのコックも戦闘準備の命令に従い、すぐに食材や炊事道具を片付けなければならない。ところが、彼は、そうしなかった。

フビライを空腹で戦いに行かせることに忍ばず、どうしよう、何かいい方法がないかと両手をこすり合わせながら、速く調理できる方法を一心不乱に考え始めたのである。

ふっと、名案がひらめいた。

彼は急いで羊肉を包丁で薄く切り、すでに沸いている湯の中をくぐらせてから茶碗にのせ、上に煮込み料理のために用意した調味料をかけてフビライの侍従に渡し、作戦会議中のフビライに呈上した。

フビライは、仕事をしながら出された料理をあっという間にたいらげ、お代わりまでし、その後元気いっぱいで戦場に赴いた。

この日の闘いはフビライ軍の勝利で終えた。戦場から戻ってきて、フビライは昼食の料理を思い出した。

「きょうの昼食はうまかった。何という名前の料理だ？」

と、フビライは侍従に聞く。

侍従は料理名を知らないので、コックをフビライの前に呼んできた。しかし、もともと臨機応変で出来上がった料理だから、名前など考える暇はなかったのだ。当然、コック自身も答えられない。

「うまかった。どうやって作ったのだ？」

フビライはコックに調理法を尋ねた。

コックは作り方をありのままフビライに報告した。

「ははあ。なるほど。では、羊肉を湯の中でシャブシャブしてできたので、『涮羊肉《ソアンイアンロー》』と呼んではどうかな」

フビライはコックの報告を聞いて大いに喜び、自らこの料理に名前をつけたのだ。

それ以来、皇帝フビライの料理メニューの中に涮羊肉《ソアンイアンロー》が加えられ、後に民間にも広がっ

「東来順飯荘」の入口

ていた。

現在、「北京の銀座」ともいわれる繁華街「王府井《ワンフーチン》大街」に、涮羊肉《ソアンイアンロー》で有名になった店がある。名前は『東来順飯荘《とうらいじゅんはんそう》』という。

この店は一九一四年から涮羊肉《ソアンイアンロー》を始め、すでに九〇年以上の歴史がある。

この九〇年間、北京には『西来順《せいらいじゅん》』、『南《なん》来順《らいじゅん》』、『北来順《ほくらいじゅん》』など数多くの涮羊肉《ソアンイアンロー》の店が現れた。しかしながら、東来順に匹敵する店はない。「東来順」の三文字は、すでに涮羊肉《ソアンイアンロー》のブランドとして、広く世間に知られている。

近年、東来順はさらにチェーン店の方向へ発展し、すでに一〇〇店ほど全国の各地に点在している。近い将来、マクドナルドやケンタッキーのように海外にも出店するかもしれない勢いだ。

東来順《とうらいじゅん》の涮羊肉《ソアンイアンロー》は三つの特徴が挙げられる。

一つはタレが良質であること。

東来順の涮羊肉《ソアンイアンロー》に使うタレには、醤油、酢、紹興酒、ラー油、「蝦油《シャーユー》」というエビで作ったソース、胡麻味噌、ピーナッツ味噌、「韮菜花《ジューツアイホアー》」というニラの花の塩漬け、「醤豆腐《ジャンドーフ》」という発酵させた豆腐の塩と麹漬け、ネギのみじん切りなど、十数種類の素材が含まれている。それぞれの素材にも、産地にこだわり、質のよさを追求する。おかげで、東来順独特のタレとなり、美食家に愛好されている。

もう一つは肉の質がいいこと。

通常、羊肉には独特の臭みがある。しかし東来順は、羊の産地や育てる期間などを特定し、さらにはシャブシャブに使う部位も特定しているために、肉は柔らかく、羊肉の臭みも感じないのである。

三つ目の特徴は肉を薄く切ることである。

東来順のシャブシャブに使う羊肉はかなり薄く切られている。その薄さはまるで紙のようである。切った肉を皿に載せると、フグの刺身よろしく、薄切り肉を通して皿の色模様が透けて見えるほどなのだ。おかげで、火鍋に入れるとすぐ食べられる状態になる。

現在、この薄切りは機械で行っているのかもしれない。

ところが、東来順が涮羊肉《ソアンイアンロー》を売り出し始めた一九一四年の頃には、そういう類の機械はあるはずもなく、すべて包丁で切っていた。

東来順《とうらいじゅん》には、好運にも、肉を紙のように薄く切る神技を持つコックがいた。だから数十年間、東来順の涮羊肉《ソアンイアンロー》を味わった客たちは、ずっと薄切りの達人たちが切り出した超薄切りの羊肉でシャブシャブをしたのだ。

この好運をもたらしたのは、東来順の創業者丁徳山《ていとくさん》である。

河北省《かほくしょう》出身の丁徳山は、一九〇三年、北京の王府井《ワンフーチン》あたりの繁華街で事業を起こした。

最初は、ただ豆乳やそば粉で作った軽食を売る露天の屋台程度に過ぎなかった。

三年後の一九〇六年、商売で貯めたお金を使って屋台に小屋をかけ、お粥などのメニューも増やした。屋台よりさほど大きくはならなかったけれど、少なくとも露天の商売ではなくなり、一歩前進したのは間違いない。

このときから、店名もあったのだ。

丁徳山が自分の店に『東来順粥攤《ズオータン》』という名前をつけた。

当時の丁徳山は、王府井《ワンフーチン》繁華街の東側にある「東直門《とうちょくもん》」のさらに東側に住んでいた。当然、彼は毎日東側から店に来る。自分の事業が順調に進むようにという気持ちを込めて、彼は店名を「東来順」にした。「粥攤《ズオータン》」とは、「小さなお粥の店」という意味だ。

ところが、東来順粥攤《ズオータン》は彼の願った通り順調ではなかった。

六年後の一九一二年、店の近所の繁華街が火災に遭い、彼のお粥と店は、すべて炎に飲まれてしまった。

致命的な打撃を受けたが、丁徳山はくじけなかった。その二年後の一九一四年、彼は資金を集め、また新たな店をオープンした。

新しい店の名前も「東来順《とうらいじゅん》」だ。

ただ、売り出したものはお粥ではなく、羊肉の料理に加えた。だから、店のフルネームは『東来順羊肉館《とうらいじゅんようにくかん》』となった。

料理店なら、人気の看板料理を持つほうがいい。

そこで、丁徳山《ていとくさん》は真剣に自分の料理店にふさわしい看板料理をさがし、最後に涮羊肉《ソアンイアンロー》を選んだ。

この決断は彼の店にとって賢い選択だった。

おいしい涮羊肉《ソアンイアンロー》を提供するためには、羊の特定な部位の肉しか使えない。しかし、そういう肉だけ仕入れれば、当然コストが高くなる。逆にそうしないと、ほかの部位の肉が使い道のないまま大量に残ってしまう。

ところが東来順にはそういう問題がない。もともと羊肉料理の専門店だから、涮羊肉《ソアンイアンロー》にふさわしくない部位の肉が残ってもほかの羊肉料理に使えばいい。だから、羊肉を効率的に利用することができるのだ。

当時、北京には『正陽楼《せいようろう》』という大きくて有名な料理店があった。その店の看板料理の一つが涮羊肉《ソアンイアンロー》だった。看板料理になった大きな理由は、店内に神技を持つコックがいて、肉を紙のように薄く切れたからだった。

この事情をつきとめた丁徳山は、さっそくコネを通してその技を持つコックに近づき、友達付き合いを始めた。その後、彼は高額の報酬でそのコックを招いて、調理の手伝いと弟子の養成をしてもらった。

肉の薄切り技を確保した東来順《とうらいじゅん》は、順調に涮羊肉《ソアンイアンロー》を看板料理として売り出し、たちまち正陽楼《せいようろう》と肩を並べるほどの涮羊肉《ソアンイアンロー》の名店になったのだ。

一九四二年ごろ、名店の正陽楼が閉店となり、東来順の涮羊肉《ソアンイアンロー》は当然のように北京のナンバーワンと認められるようになった。

今、たくさんの涮羊肉《ソアンイアンロー》専門店が林立している中、「東来順」は依然としてトップとしての存在である。国内の人だけではなく、海外の観光客もよく訪れる。牛肉と豚肉のシャブシャブに慣れた日本人観光客も少なくない。日本の元総理大臣も何人か訪中のときにその味を賞味し、賞賛したそうだ。

6. 天福号の肉

塩、醬油、砂糖、料理酒、山椒、丁子《ちょうじ》などなど、さまざまな調味料と香辛料を使って作った「肉の煮こみ」は、中国語で「醬肉《ジャンロー》」と呼ぶ。

醬肉《ジャンロー》は、ソーセージや焼き豚のようにすでに調理済みの食品なので、生肉と比べれば腐り難くて保存しやすい。また、食べたいときいつでも食べられる便利さもある。それ故に、醬肉《ジャンロー》は昔から中国人の食生活の中に根づき、昔も今も、それを作って販売する専門店が多い。

数え切れないほどある醬肉《ジャンロー》専門店の中で、北京にはとりわけ有名な店が一軒ある。店名は『天福号《てんふくごう》』という。

乾隆三年、つまり一七三八年に創業したこの古い店は、現在に至るまでの約二七〇年のうち、一九六九年から一九七九年までの一〇年間だけ中断したが、今では大いに発展している。最初、この店は山東省《さんとうしょう》出身の劉鳳祥《りゅうほうしょう》という人と山西省《さんせいしょう》出身のある人との共同経営の小さな店だった。

当時、周りには、同じく醬肉《ジャンロー》を売る店が多く、味も似たり寄ったりだった。儲けるのは難しく、店を維持するだけでも精一杯だった。

こういう状態がしばらく続いているうち、大きく発展する見込みがないと悟った山西省の共同経営者が辞めた。店には、あきらめ切れない劉鳳祥だけが残り、単独経営となったのだ。

その後、この店には大きな出来事が二つ起こった。

一つは、劉鳳祥がこの店に店名をつけたことだ。

店名のつけ方はユニークであった。

ある日、劉鳳祥は自由市場に出かけ、通りがかりに中古品の売り場に立ち寄った。そこには食器やら衣類やら、いろいろな中古の生活用品があった。劉鳳祥はその中に中古の横額を見つけた。

その横額には「天福号《てんふくごう》」の三文字が立派に書かれていた。どこかの倒産した店のものだったのだろう。「天福」とは「天」から「福」を賜ることではないか。何と縁起のいい名前だ。劉鳳祥《りゅうほうしょう》はそう思って、「天福号」の横額がすっかり気に入った。

実は、その時、劉鳳祥はまだ自分の店に名前すらつけていなかった。そこで彼は、この横額を買えば、店名が決まるばかりでなく看板にする横額を作る手間まで省け、まさに一石二鳥ではないかと考えたのである。

売る人に値段を尋ねてみると、すでに一度字が書かれた古いものだから、さほど高くはなかった。そこで、劉鳳祥はその横額を買い、そのまま自分の店に掛けた。当然のように、中古品に書かれた「天福号」が劉鳳祥の店名になったのだ。

この店のもう一つ大きな出来事は、ある「失敗」だ。

劉鳳祥が作った醤肉《ジャンロー》の中に「醤肘子《ジャンズオーズ》」という「豚のモモ肉の煮込み」がある。

ただ、日本でよく見かけるモモ肉だけの煮込みではなく、豚の皮も付いている。

日本人は、豚足以外、ほとんど豚の皮を食材に使わない傾向がある。そのためか、日本の肉売り場では、皮付きのバラ肉やモモ肉はなかなか見当たらない。一方、中国人は積極的に豚の皮を食べる傾向にあり、「豚肉の角煮」、「東坡肉《トンポーロー》」、「醤肘子《ジャンズオーズ》」など豚肉で作る料理には必ず皮が付いている。

ある日、劉鳳祥は、醤肘子《ジャンズオーズ》を作っている最中に用事があって外出した。鍋の中で煮ている肉の仕上げは、手伝っている息子に任せた。

息子はいつもまじめに父親の仕事を支えていたが、なぜかこの日だけは鍋を見守るうちに居眠りをしてしまった。目が覚めたとき、鍋中の醬肘子《ジャンズオーズ》はすでに煮すぎた状態になっていたのだ。

とんでもない失敗をやっちまったぁ！

仕方なく、劉鳳祥《りゅうほうしょう》の息子は形が崩れそうになった醬肘子《ジャンズオーズ》をすぐに鍋から慎重に取り出し、店頭の涼しいところに置いた。戻ってくる親に見られたら絶対怒られるに違いないと思い、息子は不安でいっぱいだった。

ところがそのとき、たまたま司法関係の官庁「刑部《けいぶ》」の官僚が店の前を通りかかり、何と、失敗作の醬肘子《ジャンズオーズ》を全部買って行ったのである。

失敗した醬肘子《ジャンズオーズ》は売れてしまったから、息子は一安心。父親が戻ってからも、彼はその失敗作のことを父親に報告しなかった。

翌日、あの刑部の官僚は再び店頭に現われた。

「昨日の醬肘子《ジャンズオーズ》は、どうやって作ったのですか？」

と、劉鳳祥に聞いた。

事情を知らない劉鳳祥は何が何だかさっぱりわからず、笑顔で応ずるしかできない。

しかし、そばで聞いていた息子にはすぐわかった。昨日の失敗作のことだ。

「ああ、まずいことになってしまったな……」

と、悪いことばかり想いながら、心臓が破裂しそうになった。

「あの肉、うまかったよ。もう一回作ってほしいんだ。明日、取りにくるから」

官僚は注文の言葉をいい残して、何か急用があるようで、そそくさと去って行った。

このときになって初めて劉鳳祥《りゅうほうしょう》は、昨日自分が留守している間に息子が何か普段と違う醤肘子《ジャンズオーズ》を作ったと気づいた。

もう隠せない状況になってしまった。幸いにも、この失敗は悪いことにならなかったので、息子は安心して前日のいきさつを父親に話した。

注文があったから、昨日と同じように作らなければならない。さっそく、親子は息子の失敗作を真似て新たな醤肘子《ジャンズオーズ》を作り始めた。

出来上がったとき、劉鳳祥は味見をした。しばらく経つと、何かを思い出したかのように、彼は再び味見をした。

「なるほど……。どうりで再び買いにきたわけだ」

と、劉鳳祥がうなずきながらつぶやいた。彼にはこの失敗作が好まれた理由がわかった。

従来の方法で作った醤肘子《ジャンズオーズ》は、美観のことを考慮して、形を崩さない程度しか煮込まなかった。しかし加熱が不充分なためか、醤肘子《ジャンズオーズ》が冷めると、表面の皮が硬くなってしまう。

ところが、失敗して形が崩れる寸前まで煮込むと、十分に煮込んだせいか、冷たくなっても表面の皮が硬くならない。さらに、赤肉の部分が前よりも柔らかくなり、脂身の油っこさもすっかりなくなっていたのだ。

まるで天福号《てんふくごう》という横額が本当に福をもたらしたかのようだ。

劉鳳祥《りゅうほうしょう》の居眠り息子の目覚めがもう少し早くても、遅くても、こういう望ましい結果にはならなかったであろう。この好運な失敗から、より美味しい醬肘子《ジャンズオーズ》をつくる方法を生み出したとは、まさに「塞翁が馬」だ。

その後、劉鳳祥も劉鳳祥の後継ぎも、ずっとこの失敗から得た方法で醬肘子《ジャンズオーズ》を作り続け、おかげで「天福号の醬肘子《ジャンズオーズ》」は北京の名物になった。

一方、あの刑部《けいぶ》の官僚の口コミで、天福号の醬肘子《ジャンズオーズ》は官僚の間でも評判となり、注文が増える一方であった。ついに、その口コミが清王朝の宮廷にまで広がり、天福号は定期的に醬肘子《ジャンズオーズ》を紫禁城に送るようになった。

時代が下って、西太后が清王朝の実権を握った時期も、天福号は依然として宮廷に醬肘子《ジャンズオーズ》を送っていた。

西太后本人は天福号の醬肘子《ジャンズオーズ》が好きで、誕生日パーティーのときには、豪華な宮廷料理が特別に作られたにもかかわらず、わざわざ天福号に醬肘子《ジャンズオーズ》を送ってもらったのだ。また、醬肘子《ジャンズオーズ》をスムーズに宮中に届けるため、清王朝の宮廷は「腰牌《ようはい》」という紫禁城出入り用の通行証も天福号に与えた。

天福号の、紫禁城に醬肘子《ジャンズオーズ》を届ける「業務」は、ラストエンペラー溥儀の代まで続けていた。当然、紫禁城の中で暮らしていた溥儀も賞味した者の一人である。

溥儀は一九二四年、紫禁城を出た。その後、長春で「満州国」皇帝になったり、戦犯として刑務所に入ったり、一九五九年の特赦まで三五年ほど天福号《てんふくごう》の醤肘子《ジャンズオーズ》と離れていた。しかしそのおいしさがよほど印象深かったのであろう。年月が経っても、溥儀はまだその味を覚えていたのか、彼は自由の身になってからも、自転車をこいで、わざわざ天福号へ醤肘子《ジャンズオーズ》を買いに行っていたそうだ。

天福号の店舗は、劉鳳祥《りゅうほうしょう》の時代からずっと北京の繁華街「西単《せいたん》」あたりにあった。その幻の醤肘子《ジャンズオーズ》は、一昔前までなら、わざわざ店舗に行かなければならなかった。しかし現在は、北京市内や北京周辺の大きな食品売り場にも天福号の専売コーナーが数多く設けられている。

『天福号』は、今「生きている」だけではなく、ますます進化しつつある。今では醤肘子《ジャンズオーズ》など伝統的な「醤肉《ジャンロー》」を含め、四〇種類以上の食品が販売されている。消費者の好みはさまざまであるが、どれが最も自分の口に合うかは、実際に味わってみないとわからないものだ。

7. 官府料理の絶品

天安門前の長安街と繁華街王府井《ワンフーチン》の交差点に、『北京飯店』という大きなホテルが立っている。このホテルのC棟7階には、きわめて有名な高級レストランが一軒あり、名前は『譚《たん》家菜《かさい》』という。

この譚家菜の料理は、宮廷料理でもなく、民間料理でもない。「官府料理《かんふりようり》」と呼ばれている。

中国では、豪華な飲食を追求するのは宮廷だけではない。皇族や官僚たちも宮廷を真似てぜいたく三昧の食生活を求めた。飽くなき美食の欲望を満たすため、彼らは自宅に高名な料理人を雇い、次々と新たなおいしい料理を開発させた。

そのため中国では、皇帝や后妃たちが賞味できる宮廷料理と、庶民たちが飲食店で味わえる民間料理のほかに、もう一つ「官府料理」と呼ばれる官僚たちの家庭料理が現われた。その官府料理の頂点に立っているのが譚家菜である。

中国語では、料理を「菜《ツアイ》」という。

譚家菜とは、苗字が「譚《たん》」という人の家庭料理だ。

ここの「譚」は美食家譚宗浚《たんそうしゆん》と譚瑑青《たんたくせい》親子を指している。

譚宗浚は広東省《かんとんしよう》の人で、西太后時代の一八七五年、三年に一回しかない科挙《かきよ》の全国試験を受け、二七歳の若さで「榜眼《ぼうがん》」という第二位の栄冠を取った。

昔の科挙合格者は、今の大学卒や大学院卒と違って、自ら仕事を探す必要がない。王朝が合格者全員に官職を与えるからだ。

譚宗浚も例にもれず、「翰林《かんりん》」という皇帝の文学侍従官として北京に残され、清王朝の官僚になった。

譚宗浚《たんそうしゅん》は学問に優れていただけでなく、中国四大料理の一つである広東料理の風土で育ったせいか、美食にも凝っている。

その美食を満足させる土壌として、譚宗浚宅の婦女子はみな料理が得意である。ほかにも、譚宗浚は自宅専属の調理補佐を年中雇い、有名な料理人も高い報酬を払って自宅に招いた。

当時、北京在住の官僚同士がお互いに自宅へ招き、順番で宴会を開く風習が流行《はや》っていた。譚宗浚も仲間の一人である。

美食家のプライドを持つ譚宗浚は、毎回自宅にまわってきた宴会のときには、ただ厨房を任せて料理を作ってもらうだけではない。どんな料理を作るか、どのように料理のコースを組むかなど細かいところまで、みな自ら決めていた。

美食家のセンスの現れであろうか、譚宗浚宅の宴会は、いつも高く評価され、

「譚家菜《たんかさい》すばらしい」

という声がたちまち官僚の間に広がった。

ところが、譚家菜はしょせん家庭料理だから、譚宗浚が亡くなるまで、その知名度はただ官僚の間に知られた程度に止まった。譚家菜が世間によく知られるようになったのは、息子譚瑑青《たんたくせい》の代の出来事だ。

譚瑑青は父親ほど自慢できる才能の持ち主ではなかった。そのためか、彼は政府部門の秘書として一生を送った。

しかし親の趣味に染められたせいなのか、彼は父親以上に美食にこだわった。父親が亡くなった後、譚瑑青《たんたくせい》は親の趣味を受け継ぐかのように、美食への追求に拍車がかかり、夢中になった。また、北京在住の官僚や文人たちとの宴会交流も、親の代よりも広範囲かつ頻繁に行うようになったのだ。

おかげで、譚家菜のおいしさが広く世間に知られるようになった。口コミもあるし、新聞にも報道され、譚家菜は北京市内の一大話題となった。

ところが、譚家菜は飲食店ではない。単なる一個人の家庭料理である。だから、譚瑑青と親交のない人たちは、いくらお金があっても食べられない。そういう現実があるため、世間の人にとっては、譚家菜はなおさら幻のような存在となった。

美食の追求にはお金がかかる。普通の飲食だけでもお金が必要であるが、豪華な宴会ならなおさら金がかかる。

ところが、秘書という仕事の収入しかない譚瑑青は、美食家のメンツを守りたかったのか、つねに自分の収入レベル以上に飲食にお金を注ぎ込んだ。

こうしているうちに、もともと裕福だった家庭は次第に家計に余裕がなくなり、どうやって現状維持するかという問題に直面した。

そこで、美食家のプライドを持つ譚瑑青は、彼らしい決断を下した。

彼は先祖が残してくれた不動産を売り、売った金を宴会の費用に使う。また、高い報酬で有名な料理人を招くという親の代からのならわしを止め、料理をすべて妻趙荔鳳《ちょうれいほう》に作らせることにした。

譚琢青《たんたくせい》が生きていた時代の中国は、まだ一夫多妻ができる時代だった。彼は正妻のほかに二人妾がいた。つまり三人妻だ。

三人妻の中で、三人目の趙茘鳳《ちょうれいほう》は料理が非常に得意であった。

彼女は、広東料理と北方料理が融合してできた独特な譚家菜《たんかさい》を早くから身につけただけではなく、絶えず新しい料理法を吸収する能力にも優れていた。

譚琢青宅の宴会のときには、彼女はいつも厨房で働いた。自分の得意な料理を作るだけではなく、高い報酬で招いた料理人のアシスタントとしてよく手伝った。その間、彼女はひそかにその名人の料理法を覚え、さらに工夫を加えて自分の独特な料理に変身させたのである。

美食家の譚琢青は、絶えず異なる料理を求めたため、どんなに高名な料理人でも長期間は雇わず、いつも頻繁に料理人を入れ替えた。

それぞれ招かれた料理人にはみないくつか自分の十八番料理がある。趙茘鳳は、もともと料理の勘がするどい人だから、厨房で手伝うチャンスを生かして、自然に彼らの得意料理のコツを身につけた。

このように、年月が経つにつれて、趙茘鳳はさまざまな料理法の長所を自分の譚家菜に組み入れ、ついに集大成の腕前になった。

譚琢青にとって、趙茘鳳は宝のような存在だ。趙茘鳳がいるから、有名な料理人を招かなくても譚家菜の名声に何の影響もない。

譚琢青《たんたくせい》の決断により、一時的な現状維持はできた。

しかし不動産を売った金も、料理人を招かず節約した金も、いずれも限りのある金だ。やがて、経済面の破綻はまた現れてきた。

譚家菜《たんかさい》は豪華な料理である。調理法のよさだけではなく、フカヒレ、アワビ、ツバメの巣、ナマコなどなど、高級な食材をたくさん使う。その上、食材に対する要求も厳しい。それに比例して、食材への出資も当然多くなる。

頻繁にこういう豪華な宴会を積み重ねると、金銭の消費は想像がつくだろう。譚琢青宅は、ついにそのままでは維持することができなくなってきた。

どうすればいいのか。譚琢青は真剣に考え始めた。

美食への追求を止めて普通の生活をするのか、それとも料理店を開いて自宅の料理を世間に売り出し、その収入で現状を維持するのか、という二つの解決案が浮かんできた。

日々食べ慣れている美食が急に食卓から消えると、何か寂しくなる。譚琢青はそうはしたくない。一方、開店すれば、確かに資金面の問題は解決できるが、美食家のメンツがなくなってしまう。

悩んだ末、彼は自分のメンツを守りながら、形を変えた商売方法を考え出した。

その方法は、自宅で譚家菜の宴会注文を引き受ける。ただし、どこにも料理店の看板をかけない。宴会の費用はもちろん注文者が負担するが、宴会の主催者や参加者は譚琢青本人と面識があるかどうかには関係なく、食卓に必ず譚琢青の席を用意すること。

こうすると、宴会の費用は利益も含めて徴収するが、商売とはいえない。なぜなら、譚《たん》琢《たく》青《せい》本人も宴会に出席したからだ。

彼はこの方法を実行した。

宴会のとき、テーブルには確かに譚琢青の席が毎回用意された。譚琢青本人も確かに飲食者が誰であれ、毎回必ず顔を出してあいさつし、少し味わってから席を離れる。つまり、宴会だ。商売ではない。

この方法はうまくいった。

譚《たん》家《か》菜《さい》の知名度が高いから、注文はあいつぐ。最初、宴会は夕食しか引き受けなかったが、その後、注文が多くて昼食も受けるようになった。それでも、予約は一ヵ月後にまわされても遅いという文句が出ないほど高評だった。

譚家菜は高級なコース料理だから、食費は決して安くない。一般家庭の人にはなかなか食べられないご馳走だ。しかし北京は有名人の雲集するところである。政界であれ、財界であれ、軍閥であれ、芸能人であれ、豪華な飲食に手を出せる人が大勢いるのだ。おかげで、譚家菜は大繁盛となり、その人気ぶりは当時の新聞も大いに報道した。

譚琢青の妙法は一石三鳥である。

家庭も順調に資金面の苦境から抜け出すことができ、自分も、メンツを失わないまま美食の生活が続けられた。さらに、自宅の誇りである譚家菜のすばらしさは、なお一層世間に知れ渡っていった。

一九四三年、美食家の譚琢青《たんたくせい》は、自分の妙法に満足感を抱きながら他界した。それ以来、譚宅の生計は譚家菜《たんかさい》に頼るしかない。幸い、趙荔鳳《ちょうれいほう》は健在であった。譚家菜は依然として宴会の注文を引き受け、唯一の変化といえば、食卓に譚琢青の席を用意しなくなったことだけだった。

しかし、残念ながら、この状況は長く続かなかった。

三年後の一九四六年には譚家菜の「大黒柱」である趙荔鳳も乳癌で亡くなった。そしてその後の譚家菜は、譚琢青の娘譚令柔《たんれいじゅう》が引継ぎ、中華人民共和国成立の一九四九年まで続いた。譚家菜の常連客を驚かせたのは、趙荔鳳が亡くなった後の譚家菜も、従来のままの味を保っていたことだった。譚令柔が完全に趙荔鳳の腕前を身につけたかと思われたが、実は趙荔鳳の腕前をありのまま引き継いだのは譚令柔ではなく、彭長海《ほうちょうかい》という人である。

河北省《かほくしょう》の農家出身の彭長海は、一七歳のときから調理補助として雇われ、譚琢青宅に入った。もともと料理人として雇ったわけではないから、皿洗いや調理の下準備など、厨房の下働きの仕事を長年やっていた。

この彭長海はもう一人の趙荔鳳といえる。

彼は自分の仕事をしながら、黙々と趙荔鳳や高い報酬で招いた料理人の調理方法を覚えた。食材の取り扱い方、調味料の量と種類、火加減など調理に欠かせないコツを身につけ、できた料理を実感するため、隙を見てはできた料理のスープや残った料理をも味わった。

趙荔鳳も招いた料理人も、おとなしく働いている田舎小僧が自分の調理法を盗んで学ぶとは誰も思っていない。だから、みな彭長海《ほうちょうかい》を避けず調理する。おかげで、彼はスムーズに譚《たん》家菜《かさい》の調理のコツを身につけることができたのだ。

とうとう、譚宅の事情によって、彭長海が腕をふるうチャンスが訪れた。

譚家菜の宴会注文が多くなるに伴って、厨房の仕事は、以前よりはるかに忙しくなった。料理の主役が趙茘鳳《ちょうれいほう》だから、最後の仕上げはみな彼女を待つ。こうなると、趙茘鳳の疲れは相当ひどくなってくる。

そこで、自分の仕事を一部軽減するため、趙茘鳳はいくつか簡単な料理を彭長海に作らせるようになった。その年の彭長海は二〇歳である。三年の辛抱で、調理補佐から調理補佐兼調理師に昇格した。

譚琢青《たんたくせい》が亡くなった後の趙茘鳳は、譚琢青の代わりに来客の接待や家族全般の面倒を見ることもしなければならなくなり、厨房に入る余裕がなくなってきた。仕方なく、彼女は長年自分の下で働いた人から代役を探した。

趙茘鳳は、前菜類の料理を崔明和《さいめいわ》という人に任せ、お菓子や軽食類のものを呉秀金《ごしゅうきん》という人に一任した。残った火を通す料理は、いくつかの「肝心な料理」だけはいつも彼女自ら作ったが、ほかは全て彭長海に作らせた。

後に、趙茘鳳の病気がひどくなり、譚家菜を持続させるためには、その「肝心な料理」も彭長海に頼らざるを得なくなった。

趙茘鳳は譚家菜の名誉を大事に守っている人だ。「肝心な料理」とは、いずれも譚家菜の真髄を反映した、高価な食材で作った海鮮料理である。

趙荔鳳《ちょうれいほう》は、それを彭長海《ほうちょうかい》に任せはしたものの、安心したとはいえない。料理が出来上がったとき、趙荔鳳は必ずその出来具合を味見する。自分の納得できる味が出ないと、食卓には運ばせない。おかげで、彭長海は趙荔鳳を代表とした譚家菜《たんかさい》の調理法を完全に引き継ぐことができた。

趙荔鳳を驚かせたのは、彭長海が作った料理は、本当に彼女本人が作ったかのように味も形も、出来具合も、みなそっくりだったことだ。

もう心配するところがない。

その後、趙荔鳳は安心して、譚家菜を彭長海、崔明和《さいめいわ》と呉秀金《ごしゅうきん》の三人に任せた。客に向かっては、相変わらず趙荔鳳が作ったと自称したが、実際には、全て彼ら三人の腕前だったのである。

趙荔鳳が亡くなった後も、この三人が譚令柔《たんれいじゅう》を支え、譚家菜を持続させたのだ。

彭長海ら三人がいて、趙荔鳳も、譚宅も、譚家菜も、本当に助かった。

中華人民共和国成立後、譚家菜従来の経営方式がなくなり、彭長海ら三人は長年住んで働いた譚宅から出た。彼らはしばらくの間独立して譚家菜を経営し続けた後、国営のレストランに入り、調理師として働くようになった。

だが、譚家菜はこれで終わりではない。譚家菜の経緯は、偶然にも周恩来総理に知られることとなった。

一九五八年、周恩来総理の指示によって、かつて譚宅で働いた譚家菜《たんかさい》の調理者全員が、国賓を招待する北京飯店に集められた。譚家菜の看板をかけて新たに営業を始めたのである。現在、譚家菜の直接の伝承者である彭長海《ほうちょうかい》はすでに亡くなっている。しかし、彼の弟子たちが譚家菜の真髄を引き継ぎ、いまだに北京飯店のC棟7階で腕前を披露している。

本書の著者の一人は、二〇年前から幾度かこの幻の料理を味わうチャンスに恵まれた。その上品な美味しさは今も忘れられない。まさに絶品料理なのである。

日中歴史年代対照表

中国			日本	
BC2100	夏		縄文	
BC1600	商（殷）			
BC1100	西周			
BC771	東周	春秋		
BC476				
BC256	戦国		弥生	BC 300
BC221	秦			
BC206	前漢			
AD9	新			
25	後漢			
220	三国			
265	西晋		大和	AD 300
317	東晋			
420	南北朝			
581	隋			593

中国			日本	
618	唐		飛鳥	
			奈良	710
			平安	784
907	五代	遼		
960	北宋			
1115		金		
1127	南宋			
			鎌倉	1192
1206				
1234				
1279	元			
			南北朝	1333
1368	明			
			室町	1392
			江戸	1603
1644	清			
			明治	1867
1912	中華民国		大正	1912
			昭和	1926
1949	中華人民共和国			
			平成	1989

明・清王朝皇帝継承表

明王朝		清王朝	
皇　帝	**即位年**	**皇　帝**	**即位年**
太祖（洪武帝・朱元璋）	**1368**	［愛新覚羅氏］	
恵帝（建文帝）	**1399**	太祖（ヌルハチ）	**1616**
成祖（永楽帝）	**1403**	太宗（ホンタイジ）	**1627**
仁宗（洪熙帝）	**1425**	世祖（順治帝）	**1644**
宣宗（宣徳帝）	**1426**	聖祖（康熙帝）	**1662**
英宗（正統帝）	**1436**	世宗（雍正帝）	**1723**
代宗（景泰帝）	**1450**	高宗（乾隆帝）	**1736**
英宗（天順帝）	**1457**	仁宗（嘉慶帝）	**1796**
憲宗（成化帝）	**1465**	宣宗（道光帝）	**1821**
孝宗（弘治帝）	**1488**	文宗（咸豊帝）	**1851**
武宗（正徳帝）	**1506**	穆宗（同治帝）	**1862**
世宗（嘉靖帝）	**1522**	徳宗（光緒帝）	**1875**
穆宗（隆慶帝）	**1567**	宣統帝（溥儀）	**1909**
神宗（万暦帝）	**1573**		
光宗（泰昌帝）	**1620**		
熹宗（天啓帝）	**1621**		
思宗（崇禎帝）	**1628**		

【主要参考文献】

蔡東藩『中国歴代通俗演義』吉林攝影出版社・香港東方文化科技出版公司　1996年5月
臧雲浦ら『中国史大事紀年』山東教育出版社　1984年10月
彭卿雲『中国歴代名人勝跡大辞典』上海文芸出版社・三聯書店有限公司　1995年2月
『北京旅遊手冊』北京出版社　1980年1月
『中国山水文化大観』北京大学出版社　1995年1月
『中国烹飪百科全書』中国大百科全書出版社　1992年2月
『中国導遊十万個為甚麼(北京一)』中国旅遊出版社　2003年5月
『中国導遊十万個為甚麼(北京二)』中国旅遊出版社　2003年9月
朱祖希・袁家方『中国導遊十万個為甚麼(北京三)』中国旅遊出版社　2005年1月
楊志剛『遊訪故宮・凝固的皇権』上海古籍出版社　2004年4月
竇忠如・劉彩傑『悲歓頤和園』新世界出版社　2004年6月
張建安『老字号財智伝奇』百花文芸出版社　2005年1月
程清祥『北京飯店的譚家菜』経済日報出版社　1988年1月
施連方・施楓『趣談老北京』中国旅遊出版社　2001年6月
王麗閣『中国文物之謎』上海辞書出版社　2003年8月
賀富明『京華老字号』中国旅遊出版社　1987年2月
徐城北『花雨紛披老字号』中国社会科学出版社　2003年8月
高巍『漫話北京城』学芸出版社　2003年5月
王玉祥『清宮内外秘聞』中国戯劇出版社　1999年7月
上官豊『深宮軼事』新世界出版社　2005年1月
上官豊『禁宮探秘』新世界出版社　2005年1月
樹軍『天安門広場備忘録』西苑出版社　2005年1月

甄玉金『頤和園伝説』中国商業出版社　2004年5月
戸力平『故宮伝説』中国商業出版社　2004年5月
王道成『科挙史話』中華書局　1988年6月
隋小佐『慈禧秘密生活全公開』中国戯劇出版社　2005年1月
嘯天『承徳名勝』内蒙古文化出版社　1997年3月
閻崇年『正説清朝十二帝』中華書局　2004年10月

【著者紹介】

屈　明昌（くつ・めいしょう）

1955年北京生まれ。中国の東北大学卒業後、1986年来日。日本の東北大学博士課程修了。工学博士。宮城学院女子大学、東北学院大学中国語講師

共書『楽しい中国語』（白帝社）、『漢語世界』（三修社）ほか。仙台市在住。

高橋通子（たかはし・みちこ）

社団法人日本工芸会正会員。社団法人宮城県芸術協会副理事長。日本七宝指導者協会顧問。北京工芸美術学会常務理事。北京芸術設計学院名誉教授ほか。仙台市在住。

じっくり北京・もっと北京

中華万華鏡・古都の故事伝説

二〇〇七年十一月二九日　第一刷

著者　屈　明昌

高橋通子

発行人　浜　正史

発行所　元《げん》就《しゅう》出版社

〒171-0022

東京都豊島区南池袋四―二〇―九

サンロードビル2F・B

電話　〇三―三九八六―七七三六

FAX　〇三―三九八七―二五八〇

振替　〇〇一二〇―三―三一〇七八

装幀　純谷祥一　印刷　中央精版印刷

ISBN978-4-86106-160-8　C0026

インドに呼ばれて

宮崎佳代子

旅の達人を魅了した神の国・インド。
広大な大地、人種のカオス、悠久の歴史そして神々が宿る最後の楽園ともいえるインドには、われわれが忘れてしまった懐かしさ、温かさ、優しさが満ち溢れている。この空間は旅人を無上の癒しで包むであろう。

定価二一〇〇円（税込）

印度万華鏡

ホームステイのイタリア

河内和子

ばあばの一人旅

「旅は目的ではなく、人生の豊かさと意義を求める手段である」という、海外生活の経験豊かな翻訳家の著者、7回の訪伊旅行記。パーソナルな旅行にも役立つポイントを掲載。

定価一五七五円（税込）